U0903007

荊楚文庫編纂出版委員會
武漢出版社

詩　歌

枕　頭（二首）

一

天下人民本九流，時還盜宅又燒樓。
如何革命家田漢，羞與偷兒共枕頭？

二

四十年中公與侯，縱然是夢也風流。
坐牢當往邯鄲坐，萬一盧生共枕頭？

緑宮[①]題壁

帶酒尋詩獨秀峰，甲天山水繪難工。
醒來擲筆灕江裏，索飲紅茶入緑宮。

① 緑宮：桂林的一家餐廳名。

秋　唱[①]

玉露凋傷楓樹林，金風吹變女兒心。
抽簪劃地成銀漢，背水施屏障錦衾。
《二十六個和一個》[②]，誰家豪富誰恩深？
早當拋却紅塵去，碧海青天任古今。

① 編者注：異文：《聶紺弩詩全編・拾遺草》第 2 句“吹變”作“吹遍”。第 6 句“誰恩深”作“誰情深”。

② 《二十六個和一個》爲高爾基小説名。

三句半

喜作三句半，自號二川人，蜀音又不準，難聽。

題《金石録後序》[①]

幾處嫏嬛付劫灰，歸來堂主未歸來。
但携鼎彝逃胡虜，敢怨邦家少將才！
三十卷書垂宇宙，八千里路走蒿萊。
烹茶賭記情猶在，簾卷西風百事哀。

① 編者注：此詩寫於 1944 年 11 月湘桂大撤退之際，聶紺弩借古諷國民黨。

沁園春[1]

謬種龍陽，三十年來，人海浮飄。憶問題丘九，昭昭白日；揚州閑話[2]，江水滔滔。慣駛倒車，常騎瞎馬，論出風頭手段高。君左矣，似無鹽對鏡，自喜妖嬈。　時代不管人嬌，拋糊涂蛋於半路腰。喜流風所被，人民競起；望塵莫及，豎子牢騷。萬姓生機，千秋大業，豈懼文工曲意雕！凝眸處，是誰家天下，宇内今朝？

---

① 編者注：此詞作於 1945 年。時毛澤東《沁園春・雪》一詞發表，易君左和之爲駡詞，柳亞子、郭沫若均依原韻斥易，聶紺弩亦作此斥易。

② 《閑話揚州》：易君左所著之書名。

吊熊猫[①]

尤物人間何處尋，汶川四境柏森森。
可憐弱土藏殊色，竟有强鄰慕好音。
萬里和番天下計，一身報國女兒心。
專機未發香先泯，頓使洋奴泪滿襟。

① 編者注：此詩發表於 1946 年 10 月 19 日《新民報・夜航船》，係改杜甫《蜀相》一律打油之作。其時國民黨政府擬送大熊猫予美國，未及運美即死。

論元旦
——爲一九四九年元旦作

一、緒　論

元旦，
春天的開始，
那歷史的春天，
　人民的春天，
　生活的春天，
　感情的春天，
　思想的春天！
真的元旦是真的春天的開始，
衹有真的春天纔有真的元旦！

二、歷史的春天

歷史是一部書。

歷史是相砍書。
　　是人吃人書！

不！
歷史是强盗砍人書，

　　是野獸吃人書，
　　是一切非人砍人吃人書，
　　是人被吃被砍書！
歷史是冬的紀録，
歷史上不曾有過春天。

真的歷史是永遠的春天，
新的歷史要從今天寫起，
今天是元旦。

三、人民的春天

翻開歷史一看，
滿紙是聖君賢臣，
　　慈父孝子，
　　貞夫節婦，
　　仁主義僕，
衹是没有人民。

當地震的時候，
母親可曾告訴你這樣的神話：
我們住着的這大地，
是鰲魚馱着的，
地震是鰲魚换肩。

歷史是人民馱着的，
聖君賢臣們高踞在上層，
人民被壓伏在地底。

人民是歷史的鰲魚。

現在，
鰲魚換肩了！
不！人民翻身了！
摔下肩上的重荷，
聖君賢臣們從歷史上栽倒，沉落了！
人民要自己擔負自己的歷史，
　　　　　創造自己的歷史！
今天是開始的日子。

四、生活的春天

指着那無涯的田野，
菜花黄，
豆花紫，
桃花紅，
李花白，
我説：
那田野是我們的，
上面的一切是我們的。

我們耕種
　　收穫，
　　蓋倉屋，
　　修牧場，
　　挖糞窖，
　　築水池，

要怎麼就怎麼。

昨天以前，
它還是殺人的屠場。
祖父在那上面挨過地主的嘴巴，
父親拉去當壯丁，
母親叫討債的逼得上吊，
田野上的東西全是人家的！

從今天起，
再不會跟人家種田了，
再沒有人敢打我們，
　　　　拉我們當壯丁了，
我們的女人也不會上吊了！

那田野是我們的！
上面的東西是我們的！
是我們的！
是我們的！
說一千句一萬句都不犯法！
犯法的是那說那不是我們的的人，
我們審判他！

五、感情的春天

抱起一個路上的孩子，
要吻，就盡情地吻吧，
他不會是地主的兒子，

因爲已經没有地主了。
向一個初見面的人，
不妨傾吐你的肺腑，
他不會是敵探。
因爲已經没有敵人了。

肚子餓了不愁吃，
天氣冷了不愁穿，
飢餓，
寒冷，
都離開我們的世界了。

不妒嫉誰的豪富，
因爲自己并不貧窮；
也不厭惡誰的奢侈，
因爲用不着過分簡樸；
愛一切人，
愛一切物，
因爲已經没有可憎恨的了。

告訴我：
什麽叫做憂愁？
什麽叫做悲哀？
什麽叫做苦悶？
什麽叫做煩惱？

告訴我：
什麽叫做自私？

什麽叫做貪慾?
什麽叫做慳吝?
什麽叫做惡念?
這些古奥的名詞,
翻遍了一切字典,
我還是没有明白!

假如我曾經想哭,
那是哭那些過去的人民,
他們冤枉苦了一輩子,
竟不曾看見今天!

六、思想的春天

向你們宣布:
我是馬列主義者!

“在它還是禁物的時候,
你不敢宣布;
今天,誰都願意自稱了,
你又不敢不宣布!
馬列主義不是怯弱者的信仰!”

我説:
如果早没有宣布是錯的,
今天還不宣布是更錯的;
如果不敢不宣布是弱的,
怕人説弱而不宣布是更弱的!

不是馬列主義不是怯弱者的信仰，
是信仰它的就不再怯弱！

“我們要的是思想，
不是信仰！”

我説：
我信仰，
就因爲曾經思想，
　　　正在思想，
　　　還要思想！

如果真思想，
——現在還裝什麽假呢？
如果敢思想，
——現在還有什麽怕呢？
遲或早，
你總會信仰馬列主義！

“總有一天，
什麽主義都會没有，
連馬列主義也在内。”

我説：
那也正是馬列主義，
那是馬列主義戰勝一切了！

馬列主義是

春天的思想，
思想的春天！

七、結　論

元旦，
春天的開始，
一定是春天的開始！

她從冬天來，
還帶着冬天的寒意，
但已經開始了春天，
以後的日子，
就一天天暖和。

人們也是從冬天來的，
也許有人過不慣春天，
像從黑牢出來怕見太陽！
但他們很快就會習慣。

吟詩吧，
畫畫吧，
唱歌吧，
跳舞吧，
歡迎我們的春天！
走進我們的春天！

春天，

再不會離開我們了！

八、餘　論

讓垂死的人們説，
不！
讓一切非人們説：
　　“春天來了，
　　春天不是我們的，
　　我們要死了！”

1948，除夕前二日，香港

一九四九年在中國

比　喻

1

一九四九年是一條河。

河這邊
新世界的起點，
“旗正飄飄，
馬正蕭蕭，
槍在肩，
刀在腰……”
人民的長征，
正從這兒出發！

河那邊
舊世界的終點，
洋大人，
買辦，
官，
土財主，
强盜，

騙子，
包稅的，
放印子錢的……
在河邊痛哭，
他們脚下再沒有路了！

2

一九四九年是一把火，
燒光了魔鬼的宮殿。
替無數年辰以來，
吃人肉，
喝人血，
嚼人骨，
寢人皮的魔鬼們
舉行盛大的火葬！

一九四九年是一把火，
燒燃了禽獸的森林。
把獅子的巢穴，
　虎狼的巢穴，
　狐狸的巢穴，
　蛇的巢穴，
燒光！
他們奔跑，
　　吼叫，
　　跳踉，
却逃不出這巨大的灾難！

一九四九年是一把火，
給人民光明，
給人民温暖，
替人民延長白天，
　　　趕走冬天，
　　　提早春天！

3

一九四九年是一面旗，
中國人民翻身的旗，
東方最大民族解放的旗，
它在天空飄，
　在泰山頂飄，
　在華山頂飄，
　在額非爾士峰飄，
它要使東南亞，
　　　中亞細亞，
　　　澳洲，
　　　非洲，
　　　南美洲，
一切被壓迫民族，
望見它而振奮，
　　　　興起，
使全世界無産階級歡呼；
粉碎杜魯門主義，
　　馬歇爾計劃，
　　艾契遜陰謀，
一切帝國主義劊子手的

　　幻想！
證明先哲的鐵的真言：
前進的東方，
落後的西方！
前進的亞洲，
落後的歐洲！

4

舊世界是雷峰塔，
塔底下的白蛇是我們人民。
一九四九年的巨雷擊中了它，
那古老的魔物，
在暗淡的夕陽下，
訇同一聲，
倒了！
我們人民起來了！

5

一九四九年
在中國，
自有史以來，
没有比并的年辰。

中國的一九四九年，
在全世界，
祇有一個偉大的先導——
一九一七！

我　們

1. 四萬萬七千萬

四萬萬七千萬，
全世界人口四分之一，
中國人民，
今天，
霍地一聲，
像巨人一樣，
頂天立地，
第一次，
在歷史上，
在世界上，
站起來了！

沉睡的獅子醒了！
抖了抖身子，
趕走了惺忪的睡意；
聳立在危崖，
面臨着萬頃波濤，
面臨着血紅的朝日，
吸滿一大口氣，
向遥天，
發一聲吼！
朝日失色了，
波濤無聲了，

山谷和鳴了，
百獸震恐了，
草木摇落了，
天地顫動了，
這就是我們！
我們是四萬萬七千萬！

瞎子眼亮了，
聾子會聽了，
啞巴説話了，
癱子走路了，
傻子聰明了，
枯骨長肉了，
死人復活了，
鷄鴨能飛了，
牛羊能跑了，
猪變成野猪了，
猫變成老虎了！
我們是四萬萬七千萬！

用自己的手除掉了頸上的枷鎖，
用自己的手掙脱了脚下的鐐鏈，
用自己的手打開了地獄的鐵門，
用自己的手舉起了長夜的火把！
用自己的手把天國移到地上，
　　　　　　將來變成現在，
　　　　　　彼岸挪到此岸！
昨天是卑微的奴隸，

今天是一切的主人！
在中國，
我們之外，
再没有别人！
我們是四萬萬七千萬！

2. 三百萬和三百五十萬

我們是三百萬和三百五十萬：
三百萬布爾塞維克，
三百五十萬人民解放軍！

我們從田野來，
　　從磨坊來，
　　從牧場來，
　　從礦山來，
　　從工場來，
　　從作坊來，
　　從碼頭來，
　　從車站來，
　　從監獄來！
我們從一把菜刀來，
　　　一把斧頭來，
　　　一根木棍來，
　　　一根梭鏢來，
　　　一支鳥槍來，
我們從空手來！
我們全被壓迫過，
　　　　剥削過！

多少人被殺了，
多少人被監禁，
　　　　拷打，
　　　　放逐，
　　　　“圍剿”！
我們身上還有枷鎖的痕迹，
　　　　　　鞭子的痕迹，
　　　　　　血的痕迹！

今天，
我們匯合了，
　　强大了！
向壓迫我們，
　剥削我們，
　殺戮，
　監禁，
　拷打，
　放逐，
　“圍剿”我們的
全體舊世界的强盗
進軍！

奪取村莊！
奪取堡砦！
奪取都市！
奪取京城！
奪取政權！
奪取一切！

向强盗們吶一聲喊：
“投降！
否則消滅！”
我們勝利了。

我們是三百萬布爾塞維克，
　　三百五十萬人民解放軍；
我們背後是
全中國，
全世界！

日　出

紅光滿天，
金光滿天，
紫光滿天，
紅的，
金的，
紫的，
各種顏色交織的，
不知該説是什麼顏色的
霞光滿天。

天是透亮的，
雲是透亮的，
雲端的金殿玉闕，
　　金童玉女，
　　珊瑚玉樹，

　　　青獅白象，
交綏，
照映，
遮掩，
變滅，
無一不是透亮的，
炫花人的眼睛。

大海裏也有天空，也有雲霞，
河流裏也有天空，也有雲霞，
池塘，
水田，
微抹着一道薄霧，
都發着跟天空一樣的光彩。

太陽！
哦！
太陽！
那巨大的輪盤，
那殷紅的熔液，
像剛出爐的鐵塊，
像剛纔凝結，
　還在蕩漾，
　將要滴落，
在雲那邊，
在海那邊，
在山那邊，
默默地，

冉冉地，
渾然一體地
升起了！
像雜沓喧囂的會堂，
崇高，
尊嚴，
豪奢，
美麗的
女王，
披着金織的輕紗，
拖着毫光閃閃的長裙，
在寶座前，
出現！

山谷蘇醒了，
原野蘇醒了，
村莊蘇醒了，
城市蘇醒了，
大海歡呼，
百鳥歌唱，
牛羊哞咩，
樹木舉起千百隻手，
花草含着感激的泪，
少女用嬌羞的臉，
嬰兒用呀呀的語言，
工廠，船舶用汽笛，
軍隊，學校用號音，
一齊歡迎，

禮贊

這壯麗的日出!

山變成神山了,
河變成天河了,
牛欄、馬厩變成宫殿了,
老人變成孩子了,
襤褸變成仙衣了,
哦!
多麽美的世界,
多麽美的田野,
多麽美的萬物,
多麽美的鄰人,
多麽美的自己!

多少年辰以前,
先知就告訴我們:
將有一個日出。
飢餓麽,日出了就好了,
寒冷麽,日出了就好了,
痛苦麽,日出了就好了,
恐懼麽,日出了就好了。
日出是醫百病的藥,
我們拿着單方,
衹是不知藥在何處買,
　　　　何時可買到!

日出,

在實現以前，
就是誘導我們前進的希望。
知道夜不是永久的，
知道星月不是最亮的，
我們纔感到生活與生命的意義，
纔有活下去的欲望和勇敢。

守候得太久了，
盼望得太久了。
我們，
我們的先人，
連那預言日出的先知，
誰也沒有看見過日出，
誰也説不清日出的確期。
多少次鷄叫，
　　　月落，
　　　東方發亮，
我們都以爲是時候來了；
然而都失望了！
不過是個神話吧？
不過是個幻想吧？
不過是寓言或者謊語吧？
它不會來，
我們會看不見，
我們要絶望了！
誰知，
就是現在，
却真地日出了！

我們真看見了太陽!

我是光的崇拜者,
贊美過月亮,
贊美過星星,
贊美過燐螢和燈火。
現在,
在最大的光明面前,
月亮羞愧了,
星星無光了,
燈火消滅了,
燐螢匿迹了,
我却找不着稱道的言詞!

我想問黑夜:
你昔日的威風呢?
我想問猫頭鷹:
你還能横行麽?
我想問更夫:
現在是幾更幾點?
可是找不着他們!

告訴你一句真的夢話:
那太陽
就是
我們自己!

答　謝

1. 給克列姆的紅旗

莫斯科別來無恙!
莫斯科河邊的紅場別來無恙!
紅場上的列寧墓別來無恙!
從前是沙皇的宮殿,
現在是無産階級政權的象徵,
克列姆別來無恙!
克列姆墻頭的紅旗別來無恙!

二十多年前,
一個大風雪的深夜,
從一個晚會回到"中國城",
街上没有行人,
積雪把街道映成没有太陽的白天,
走過紅場的時候,
我看見
一面紅旗
在克列姆墻頭
呼啦啦飄!
風要扯碎它,
它呼啦啦飄;
雪要壓没它,
它呼啦啦飄;
寒冷侵襲它,

它呼啦啦飄！
呼啦啦飄，
呼啦啦飄，
我仿佛看見
　仿佛聽見
它以列寧講演的姿勢，
　以史太林檢閱紅軍的姿勢，
向世界
播送一句倔强的語言：
全世界的
無産階級和
被壓迫民族
聯合起來！

克列姆墻頭的紅旗，
你無産階級的祖國的標志，
　世界革命大本營的標志，
　人類永久和平堡壘的標志。
今天，
一個東方被壓迫民族，
四萬萬七千萬人民，
起來了，
解放了，
你可聽見了這消息？

没有你，
中國也會起來。
但農民起義過多少次，

就被剿滅過多少次；
弱小民族叛變過多少次，
就被壓伏過多少次。
這不僅是一國的歷史，
這是全世界的歷史！
祇有有了你，
　　跟着你，
在你的號召之下，
　　　養育之下，
　　　影響之下，
我們纔真正地起來，
而且不再倒下。

在和
帝國主義的炮火，
封建軍閥的淫威，
長期鏖戰的時候，
在戰鬥的行列中，
我，
一個舊世界的“讀書人”，
曾有多少次，
感到自己的孱弱，
　　　　　疲乏；
一想起你，
克列姆墻頭的紅旗，
便浮起
一雙慈母的，
　　愛人的

凝望的眼睛，
不由得不振作，
　　　　勇敢，
　　　　加快了堅强的脚步！

克列姆墻頭的紅旗！
我們民族，
我們人民的解放，
一定使你欣喜——
像田野的緑色
使播種的農夫欣喜一樣；
像壯游歸來的游子
使母親欣喜一樣；
今天，
你該爲我們開顔一笑了！

我們的解放，
使世界革命的隊伍更强大，
使永久和平的堡壘更堅固，
使最後勝利更逼緊。
請你向世界無産階級和被壓迫民族
播送中國兄弟的約言：
我們要
脚步和着脚步，
臂膀靠着臂膀，
前進！前進！
把舊世界的强盜
殺光！

2. 給先烈

起來，
先烈們！
不是長眠的時候！
看囉，
滿地鮮花，
滿天雲霞，
滿山林木，
滿田稻粱，
滿城煙囪，
滿街行人，
　行人滿臉歡笑，
　　　滿身新衣。
你們理想的，
却没有看見過，
也想象不到的
黄金時代實現了！
還躺着幹嗎呢？

在新時代裏，
一切應該活着的都活着，
衹有應該死去的纔死去，
没有人捕捉你們，
　　　監禁你們，
　　　放逐你們，
　　　殺害你們了，
到了自己的世界，

你們還躺着幹嗎呢?

起來!
和我們一同迎接,
　　　　　歌頌,
　　　　　享受這時代!
没有比你們更配迎接的,
没有比你們更會歌頌的,
没有比你們更該享受的了!
還躺着幹嗎呢?

歷史太久,
罪惡堆積得太多,
不是話説得好的,
不是水洗得乾净的,
它需要血,
英雄的血,
志士的血,
先知的血,
人民的血,
於是你們倒了!

一個人倒了,
一個人接着;
一群人倒了,
一群人接着;
把才力,
　智慧,

　德性，
　生命，
爲了新的中國
　　新的人民，
　　新的世界，
眉也不皺一下地
血祭了
歷史造成的吸血獸！

可曾有人問：
把黄金時代預約給將來，
又把什麽給與人們的現在？
你們用英勇的獻身回答：
"把鬥争，
把爲人民犧牲的光榮，
給與他們的現在，
也給與我自己！"
行爲就是榜樣！

没有你們，
不會有現在。
舊世界的金城，
是你們的沉重的尸骨壓垮的，
是你們的洶涌的血衝倒的！
你們永遠活着，
你們的理想活着，
　　　英雄的姿影活着，
但舊世界却死了！

没有起死回生的藥，
不能用舊世界贖回你們，
却把它做了你們墳前的祭品。
我們還要鬥争，
　　還要前進，
讓你們的理想，
開更鮮艷的花，
結更多的果。
起來，
縱然不能够了，
也要讓你們躺着微笑。

3. 給毛澤東

毛澤東，
我們的旗幟，
東方的列寧，史太林，
讀書人的孔子，
農民的及時雨，
老太婆的觀世音，
孤兒的慈母，
絶嗣者的愛兒，
罪犯的赦書，
逃亡者的通行证，
教徒們的釋迦牟尼，
　　　　耶穌，
　　　　謨罕默德，
地主，

買辦，
四大家族，
洋大人的活無常，
舊世界的掘墓人和送葬人，
新世界的創造者，領路人！
四萬萬七千萬雙眼睛望着你，
四萬萬七千萬雙耳朵聽着你，
四萬萬七千萬雙手擁護你，
四萬萬七千萬顆心愛你，
四萬萬七千萬個生命交給你！
聽囉！
我們向世界高呼：
“偉大者毛澤東！”
我們向過去高呼：
“勝利者毛澤東！”
我們向未來高呼：
“開闢者毛澤東！”

一切光榮怎樣屬於我們人民，
一切光榮更怎樣屬於你！

告訴我：
怎樣的言詞，
纔是最能贊美毛澤東的！

一九四九、二、十、香港

一個高大的背影倒了

走近十月的河邊
他停息了！

——田　間

一個高大的背影倒了，
在無花的薔薇的路上——
那走在前頭的，
那高擎着倔强的火把的，
那用最響亮的聲音唱着歌的！
那比一切人都高大的背影倒了。
在暗夜，在風雨連天的暗夜！

在暗夜，
風吼着；
拔倒參天的古木，
捲起破碎的屋瓦，
捲起一切可以捲起的東西，
打向我們的行列——
這悠長的行列，
肅穆的行列，
憤怒的行列！
那引頭的背影倒了！

在暗夜，
雨淋着，
在我們的頭上，
在我們的身上，
在我們的心上！
泥水拖着我們的腿，
無花的薔薇刺進我們的脚心，
一切骯髒的東西濺在我們的身上！
我們是一條悠長的行列——
飢餓的行列，
襤褸的行列，
奴隸的行列！
那走在一切人前頭的背影倒了！

我們是堅强的，
然而受傷了；
我們是勇敢的，
然而受傷了！
在無花的薔薇的路上，
在風雨連天的暗夜，
没有一點傷痕的，
不在我們的行列裏。
那傷得最厲害的人倒了！

他是我們中間的第一個——
第一個争自由的波浪，
第一個有自己的思想的人民，

第一個冒着風吹雨打和暗夜的一切，
在無花的薔薇的路上，
高唱着自己的歌的人民。
這第一個人民倒了！

驚天動地的響聲，
晴天霹靂般的響聲，
我們中間的第一個倒了！
那高大的背影没有了！
那倔强的火把没有了！
那響亮的歌聲没有了！
千萬人的號哭，
千萬人的喊叫，
千萬人的悲痛，
贖不回這無比的損失！
高大的引路人，
你知道麽，
誰在哀悼着你！

前面是平坦的路的邊沿，
白天的邊沿，
晴明的邊沿，
能够忘記麽，
你第一個向它走去的人！

安息吧，親愛的朋友！
永別了，人民的同志！
我們要從你的尸身上走過，

踏着你的肉和骨和血，
踏着你指引過的路，
用我們的眼泪，
用我們的歌，
用我們的脚印，
造成你的墳墓！
願你的英靈永遠和我們同在！

一九三六年十一月

收穫的季節

——爲魯迅先生三年祭作

一

收穫的季節：
秋風吹過稻田，
稻田是赤裸裸的；
夕陽檢閱着高昂的隊伍，
高粱，黍子，嚮日葵；
纍纍的葡萄
從烏桕樹枝上垂下，
山谷，原野，一片濃緑。
仁愛的地母
正擠着一年中最後的奶水……

二

那遥遠的天邊，
紫色的雲彩底下，
我忽然想起，
安眠着一個行吟的歌人。
他曾經走過高山，低谷，
人煙稀少的村莊和市集，

在井欄邊，
在墳園上，
不分晴和雨
　　晝和夜，
　　寒和暑，
唱着他的歌。

他有一顆對於人世的初戀的心，
破碎，朽腐，凌亂，
像糾結的絲縷，
　潰敗的膿瘡，
　蟲蛀過的菜葉。
　千揉百搓的紙團，
　經過無數日曬夜露
　風吹雨打的老祖母的臉！

陽光曬焦了他的膚色，
血液被無情的風霜吸盡，
年辰在他臉上烙上放浪的脚迹。
他的聲音，嘶啞，枯澀，抖索，
像寡婦在深夜低泣，
像荒山的餓狼嗥叫！

他的歌：
曖昧，然而清晰，
荒誕，然而平凡；
凄冷，像貝加爾湖的寒冰，
狂熱，似青春女郎的情焰；

亂山似地崎嶇，險阻，
坦直，斜陽下的陽關大道；
他詛咒，用蝮蛇的毒牙，
却期待着冬天的陽光。

他唱着他的歌，
向着海上的朝暉，
　　疏林的落日，
　　高山，流水，
　　寒鴉和積雪，
　　裸露的稻田，
　　田野上的樹列，
　　高粱，黍子，嚮日葵。
歌聲舒捲，
隨着天際流雲，
在山谷和山谷之間迴旋。
長風把他吹到沉睡的村舍，
　　　　　　潮濕的磨坊，
　　　　　　暗黑的礦坑，
　　　　　　寒冷的牢獄；
　　　　吹到憎惡他，
　　　　　　唾罵他，
　　　　　　鄙視他，
　　　　　　逃避他的人們那裏。

他唱着唱着，
毫不疲乏，毫無休止地唱着。
風咤罵着他，

雨鞭打着他，
命運和時光向他投出揶揄，嘲笑；
然而他面前集攏了黑魆魆的人群！
然而他被自己的勞作累倒了！
他被埋葬在自己的歌聲裏，
　被埋葬在模擬他的
　許許多多人的歌聲裏！

聽囉，
那歌聲，
依舊在雲端舒捲，
　　在山谷迴旋；
"需要血！"
"生存，温飽和發展！"
"血債必需同物償還！"
似乎還有這樣零落的字句。

三

血，
悠久的歲月，
在這古老的國土，
不曾缺少過。
從青海，
從巴顏額剌山，
黃河，
揚子江，
橫貫着整個的國土；

珠江，
黑龍江，
一切數不清的
河流，湖沼，瀑布，噴泉：
天連地，
地連天，
猩紅的波濤，
一片汪洋大海！
是我們祖先的血，
我們自己的血，
我們民族的兒女的血呀！
血光映紅了天空，
　　映紅了雲彩，
　　映紅了太陽，月亮，星星，
我們的世界就是血的世界！

在血的黄河上，
　血的揚子江上，
　整個血的海上，
到處悠游着游賞的船，
那是天上神仙們的船，
鏤刻着黄金的龍，
　　　緑玉的鳳凰，
　　　五色絢爛的飛禽走獸；
珍珠，水晶的簾子，
射出千萬道耀眼的光，
擋住海上的腥風和血色；
牙檣劃破雲彩，

流星敲打着樓窗，
金甲武士排列在船頭。
那些船，
一艘一艘地緊鄰，銜接，
結成巨大的陣勢，
　　巨大的城堡，
燈光照在海裏，
血光映到船上，
像一整片烈火。
船影在波光中蕩漾，
梵珴玲，
曼大玲，
琵亞那，
一切絲竹管弦的合奏，
隨天風輕拂着海上的漣漪；
横濱的藝妓，
寶冢的舞女，
全世界的美人，名姬，
吐着鶯聲，
發着銷魂的媚笑；
香肩，皓腕，酥胸，粉腿，
柔軟的羊脂玉，
温暖的大理石，
在衣霧裏面或外面顫動，
香風飄起微明的輕紗。
珊瑚似的酒漿，
琥珀似的酒漿，
瑪瑙似的酒漿，

倒進焦渴的咽喉，
像流泉奔向深壑，
兩道濃液從口角流出。
——我們的血呀！
從東京來的將軍們，貴婦們，
從大坂長崎來的大肚子老闆們，
從各處來的紳士淑女們，
從來不會聞到一絲兒血腥。

一個人伸出頭來問：
“是誰的船哪？”
武士們舉起鉞斧，
血染在斧刃上！
兩個人從血裏回答，
“説洋話的人們的！”
武士們抽出寶劍，
血染在劍鋒上！
三個人提醒：
“海盗的船吧？”
武士們拔出大刀，
血染在刀口上！
十個，八個人吶喊：
“打沉强盗的船囉！”
回答是斧頭和刀劍！
一年、兩年、十年、百年，
十回、百回、千回、萬回，
捲缺的是别人的刀刃，
疲軟的是别人的臂膀，

堅硬的是别人的心；
飛濺的，傾瀉的，奔流的，
却是我們的血，
曾經生活過的我們，
願意生活下去的我們，
我們的尸體，
我們的含冤的心。
沉在血的最深的處所，
上面是紅色的波瀾！

四

一種聲音，
長鞭似地抽在我們的背上，
我們的靈魂，
有無數的蟲蟻嚙蝕！
我們要休息，
“生存，温飽，發展！”
那聲音惱人地嚷叫。
我們要睡眠，
“生存，温飽，發展！”
我們寧願死去，
“生存，温飽，發展！”
我們……
一點不讓價的殘酷的聲音呵！

“還我們的血債喲，
再不能拖延下去了！

還我們的血債喲，
再不能抵賴下去了！”
向着那淫靡的船，
向着吸血的人們，
今天，
我們從血裏頭站起來了！
從長城以北，
到珠江以南，
從崑崙山，
　天山，
　阿爾泰山，
　喜馬拉雅山
到勃海，
　黄海，
　東海和南海，
浸在血裏頭的我們，
全站起來了！

阿Q站起來了，
孔乙己站起來了，
閏土，
七斤，
老栓和小栓……
祥林嫂，
長姑娘，
單四嫂，
九斤老太……
都站起來了！

癩頭的，
斷腿的，
害肺癆病的，
腰彎駝背的，
老婆被强奸過的，
死了男人和兒子的，
再嫁過的……
披着千斤的枷，
帶着萬斤的鐐銬，
從土谷祠，
從茅棚，
從厨房，
從田壠，漁船，
　作坊，工廠，
從一切陰沉的角落裏，
站起來了！
像亞美利加西部的牛群，
像大戈壁的駱駝隊，
猩猩似的面孔，
螻蟻似的雄心，
愚暗，卑微，屈辱的我們，
站起來了！

我們，
用枯樹皮似的發顫的手，
拿起自己的鋤頭，
　　自己的扁擔，
　　菜刀，鐵鎚和土槍，

用叱牛，趕馬，喊哎喲杭育的喉嚨，
唱着半懂不懂的歌：
“生存，温飽，發展！”
一千種一萬種雜亂的聲音，
像六月天的迅雷，
像山洪暴發，
吞没了枷鎖的叮噹，
吞没了病痛的人們的呻吟，
驚鳥爲它高飛，
野獸逃跑，
山岳崩裂，
雲彩在天空狂奔，
群星發着寒夜的顫栗，
回聲使自己也感到了恐怖！

瞧哦，
我們站起來了，
飢餓的我們，
襤褸的我們，
千年萬年，
關在鐵屋裏的我們，
站起來了！
非洲的黑人一樣，
非洲荒山裏的紅人一樣，
像印度，
　　馬來，
　　澳大利亞的棕色人的我們
今天

第一次站起來了！

真是第一次呀！
第一次結成海潮似的隊伍，
第一次試用了自己的武器和力量，
第一次讓遠方的貴客們的血，
和我們自己的流在一塊兒！
“生存，温飽，發展！”
這就是我們所要的！

五

我們站起來！
感謝自己的勇敢，
感謝先知們的啓迪，
尤其感謝那教會我們唱歌的歌人。
我們用那歌鞭策了自己，
并且我們還要前進。
可是，忽然想起：
那躺倒了的歌人，
知道今天的戰鬥麽？
知道他的歌在地上開的花結的果麽？
他在怎樣悔恨
不能參與我們的行列，
不能領着我們走哦！

是什麽鬼呀！
他歌唱了一生，

　盼望了一世，
到歌唱的盼望的剛要到來，
自己却看不見了！

是什麽鬼呀！
在我們在戰鬥中學會了歌，
　　　在歌中學會了戰鬥的今天，
却看不見那教歌的人了。

是什麽鬼呀，
在我們的行列，
百倍地需要
　　潑辣的戰友，
　　忠實的引路人，
　　天才的歌人的今天，
最理想的選手却没有了！

如果他和我們在一塊兒，
不會爲我們的驍勇笑麽？
不會爲我們的鏖殺哭麽？
不會爲我們的血拼歌唱麽？
不會譜出更多的歌，
　　　鼓勵我們，
　　　安慰我們，
使我們更貪戀戰死的甜蜜麽？
然而不能够了哇！

而且，

他和我們在一塊兒，
我們會何等地寬懷哟；
像有了一萬架飛機，
十萬輛坦克車，
百萬尊大炮，
千萬匹戰馬的吧？
可是不能夠了哇！

在戰鬥中，
我們會忘記他吧，
他可不會忘記我們；
在勝利裏，
我們會忘記他吧，
他可不會忘記我們。
戰鬥的心，
勝利的心，
不會使［他］安眠的！

那在夜空燃灼的秋星，
歌人，
是你的睁大的眼睛麼？
別監視了，
不到勝利的時候，
我們的戰鬥不會停息！

明天
我們勝利了，
陽光温存這新出現的大陸，

蝴蝶，蜜蜂在花叢裏往還，
綠陰中有黃鶯，百靈，畫眉聒噪，
微風颭動孩子們的新衣。
再没有紅的顔色了，
除了春日的山花，
　　早晚的明霞，
　　少女的酡顔，
　　新娘的嫁衣。

明天，
我們勝利了，
大陸上失去血色，
厨房裏靡爛着肉糜，
年青的愛侣們，
將不會唱我們今天的歌，
也不懂我們今天的歌，
生存何以還要戰鬥？
“血債”又是什麽東西？
而且，是誰呀，
創出這樣無謂的曲子！

但是，歌人，
那纔真是你的勝利呀！
像一切的勝利品，
都陳列在你的墓前了！
你準備笑吧，
太陽一樣，
火一樣，

杜鵑花一樣地笑吧！
勝利的笑哇！
在笑聲中，你會真實地睡去。

六

看囉，
秋風吹過田野，
夕陽檢閱着雜糧，
烏柏樹垂着纍纍的果實，
滿山遍野的濃綠……
是收穫的季節了！
播種人囉，
放心吧，
我們會千倍萬倍地
收回你播下的種子！

一九三九，中秋

不死的槍

——獻給畫篇《不死的槍》的作者新波

戰士躺倒了！
炮火還在喧囂。
他聽不見，
也不知道自己躺在什麽地方，
地下是誰的血在漂蕩；
衹是他的手，
還神威似地緊捏着那支槍！
　靠着有點兒彎起的他的腿，
　那槍居然歪斜地站起，
　戰士死了，槍可没有死！
他朝着强盗的方嚮，
倔强，
和戰士没有躺倒的時候一樣！

遠遠地，遠遠地，强盗在蠢動，
遠遠地，遠遠地，大炮在轟，
坦克車的列隊向我們衝；
騎步兵吶喊，天地都變了顔色，
煙霧，塵土，織成了宇宙的昏蒙！
躺倒的戰士更加多了
我們的槍聲越來越稀少！
　可是那些倔强的槍，

　和最初的一支一樣，
　一齊站穩，
　對準强盜們來的方嚮，
　好像在説：“你來！你來！”……
　一面又催背後：“放啊，放啊，快放！”

强盜的望遠鏡欺騙了自己，
發現了支那軍陣綫裏的奇迹：
敵人衝鋒，不起來迎敵，
　不怕，不跑，
　一點兒也不動摇，
槍支却麻林般在戰壕邊竪起！
這中間會不會有什麽詭計？

槍支們看見：
强盜的騎步兵在後退，
開動了的車輛重又開回。
“哈哈，强盜的陣綫崩潰，
追呀，追呀，趕緊地追！”
自己偏不會走動又不會飛！

戰場上的時間差不多一分一秒，
生龍活虎的援軍已經趕到！
不死的槍支又叫我們的戰士提起，
重新活躍吼叫，
肚子裏裝得飽飽，
口裏吐出殺强盜的飛刀。
　敵人猶豫的時候我們却衝，

　這一次戰鬥完全占了上風。

不死的槍立下了功勞，
他們開始向全中國號召：
“無生的我們表現了自己，
你們怎樣，有生無生的同胞！
瞧哦，黄河站起來了！
瞧哦，揚子江站起來了！
你是不是生在中國？
你是不是住在中國？
中國的門裏頭，
闖進了殺人放火的强盜！”

不死的槍繼續着雷一樣的聲音：
“中國的烏鴉喲，
去啄瞎那强盜飛機師的眼睛！
可是老鼠，你該去偷强盜的軍糧！
絆住强盜的馬腿和車輪，
中國的長春藤！
　蜘蛛呢，趕快織成防空的網！
如果你是懸崖，
就向强盜的頭上落下！
讓强盜睁不開兩眼，
如果你是飛沙！
　裹腿似地纏住敵人，
　你深山裏的毒蛇！
　把强盜埋掉吧，
　長城内外的積雪！”……

最後，不死的槍這樣叮嚀：
“起來，所有中國的廢人：
　聾子，要你去刺探敵情！
　瞎子，趕快學會瞄準！
　啞巴的講演要使人人都愛聽，
　跛子是神行的追擊兵！
起來，所有中國的罪人——
不是指那披枷帶鎖的囚犯們，
　是説假如就一顆饕餮的心，
辜負過餓着肚子的親鄰，
叫孤兒寡母活不了命；
天大的罪孽全不要緊，
戰争的大海會給你洗刷乾净，
衹要你在它裹頭浸淫！”……

不死的槍結束了獅子似的吼叫，
回答是全中國驚天動地的喧響，
那喧響表示着同一的意思：
“擁護，不死的槍！
萬歲，不死的槍！”

一九三八、九，雲嶺

“向偉大的行列致敬”

——題借某報論題爲暴徒搗毁《新華日報》而作

在這衰憊的
　　古老的民族裏，
往古，
來今，
今天
正在拉鋸。
我們看見了
一種“偉大的行列”！

《可蘭經》抛在一邊，
一手仗劍，
一手拿着釣鈎，
走在最前頭的，
是魁偉的“謨罕默德”。

浮士德的軀體，
成千
成萬
跟在後面，
發出驚天動地的吼聲；
摧毁，
掃蕩

他們的路上的
每一種障物：
那回到昨日去的路。

像一群亂軍，
“争取”了不設防的城市，
在無人之境，
顯示他們的英雄的業績：
殺戮——不留鷄犬，
焚燒——不分玉石，
奸淫——不問老幼。
拳打。
脚踢。
手撕。
口咬。
使一切變成泥醬，
　　變成斷殘的尸體。

他們高呼，
他們狂笑，
他們歡躍，
“乾杯!”
“乾杯!”
渴血的酒徒們
沉醉於
自己的暴行的酒中!

然而
那紛披的不是門窗，

　飛舞的不是紙片，
　揚起的不是塵土，
　漂灑的不是人的血；
他們的路，
寬闊，
坦蕩，
阻礙他們，
被他們撕滅的，
衹有
衹是
他們自己的
人性！

“打！打！”
“好！好！”
行列的周遭，
哄響着助威的贊賞。
那是——
豪門的鷹犬，
城社的鼠狐，
戴人形面具的猢猻，
靠繩索串戲的傀儡。
在馬戲場表演驚人技藝的
河馬，
鱷魚，
各種被養馴了的野獸，
和行列一家，
却裝作路人，

　裝作旁觀者，
伸直納粹的臂膀，
“向偉大的行列致敬！”

被這行列震驚。
我相信了
黄巾，
白蓮，
太平青領道
真能“撒豆成兵”：
一種魔法
真能使僵尸走路；
傳説上的烏鴉隊
真能遮蔽天日，
使白晝變成黑夜！

我理解了
悲觀的哲人
爲什麽説：
“人性惡”；
一個時代
爲什麽叫做：
“中世紀”；
博愛的教主
爲什麽咒駡：
“不信而又悖謬的世代”；
雅典人臺滿
爲什麽要毁滅

整個雅典！

從黄巾到義和拳，
騷亂者
都起自民間，
對暴力投出過憤怒的火，
因爲愚昧，
纔被賣，
　被滅，
他們原是一群“愚民”。

眼前的隊伍，
却來自相反的方面，
來自作育人才的學府，
他們是優秀的“黄帝子孫”，
盜竊五四的榮光，
和往日的柏林，
　　　　　羅馬，
　今天的馬德里的
黨徒
走着同一的路！

如果多者必勝，
强者必久，
方舟以外的人群
就不會滅絶；
希特勒，
慕索里尼，

不會敗亡；
不會有“天國”的使者，
向佛朗哥奔馳而來，
手拿着天平，
騎在灰色馬上，
像今天已經看出的！

我詛咒出賣靈魂的浮士德，
更詛咒那收買的——
收買得越多，
應受的詛咒越大；
我不知道，
天上，
地下，
一切人與非人的詞典中，
可有和他們配稱的
如此惡毒的字眼？

我相信，
群衆自己的語言，
不在他們口頭，
也不寫在旗幟上，
却暗藏在心裏，
更相信有
更多的
向他們迎面走來的
人民！

一九四六、三、十五，重慶

西班牙改爲君主國

拿起爆烈的手榴彈
對準殺人放火的佛朗哥！
——《馬德里保衛曲》

西萬提斯
用他“唐吉訶德”
痛哭過西班牙，
爲了心的微火
不曾戳破
那腦中的黑暗！

唐佛朗哥，
閹割了吉訶德的心，
拾起那笨鈍的長矛，
戴上理髮砵，
騎在跛腿的瘦馬上，
向西班牙人民，
向世界：
“再來一次‘功績’！”
他要一切人都變成鬥牛者！

唐佛朗哥，
你何愛於君主之名？

既已打下了鐵的監牢，
　　　　　鐵的鎖鏈，
你早就是西班牙的魔王。
這或那，
在你，
在人民，
不一樣麽？

有一個竊國大盗，
自恨没有貴爲天子，
把府邸改爲“皇宫”，
姬妾叫做“妃嬪”，
兒女都爲“潢胄”
“聖上”的尊稱留給自己。
多不幸呵，
他立即被叛亂的烽火燒死了！
這東方的史實，
唐佛朗哥，
你毫無所聞，
還是毫無所動？

今天，
民主——歷史的巡按
私訪於地球的每一個角落，
土豪，
惡霸，
暴君，
酷吏，

都倉皇地裝修門面，
　　　　改换招牌，
　　　　塗抹字迹，
你何不把惡叫做善，
　　　　醜叫做美，
　　　　强奸叫做愛，
　　　　地獄叫做天堂，
　　　　黑夜叫做白天，
像這東方古國的賣藥人
把麵粉和泥水
叫做奎林，
　　盤尼西林，
　　DDT；
君主就是民主，
以换得
全人類最後的暴君
“杜魯門主義”的微笑，
一同逃脱民主的明察？

唐佛朗哥，
向
大中華民國的
“元首”（全體肅立）！
看齊！

一九四七，五，二二，重慶

給臭蟲

挺着球樣的肚皮，
紅光滿面，
比洋澄湖的螃蟹還肥；
是哪裏的財主，
　　　　封翁，
　　　　闊佬，
　　　　買辦？

仗着黑暗的勢力，
趁人毫無戒備的時候，
以蛇樣的毒牙，
咬爛皮膚；
吸人血，
却把它的氣味變壞；
是誰派你來的呢，
不讓一個勞苦人安息。

生活的重擔，
把我壓扁了，
我疑心我的血已乾枯；
你如此膨亨，
却全靠我的血喂養！
我還有血，

我的血還有滋養，
我應該振作！

你在偷偷摸摸中横行，
我要你在明察中死去。
我雖然取的是你的生命，
却流的我自己的血。

你的罪惡，
不在你藐小，
在於
除了吸血，
并没有别的！

一九四六，一〇，二八，重慶

螢

我的生命就是光。
我是光的最小者；
祇在夜間，
纔被人欣喜，贊嘆。

我是星群的流離者；
眷戀着故鄉，
我是在地上生長的。

我是夜的嘲弄者；
有我，
它的統一就不完整了！

——這是疏林！
——這是淺水！
——這是墳！
——這是路！
夜行人，
你辛苦了！

蝙蝠，
梟鳥，
夜的寵兒們，

不會受到傷害麽?
爲何投我以憎惡的眼?

夜風使我飄飄,
却吹不息我的微火;
把光放在後面,
原不是爲照自己呵!

忘却我吧,
生活在白天的人們!

一九四七,七,二〇,南温泉

駱　　駝

背着如山的重負，
在沙漠上
走自己的路。

并不美麗得像鹿和豹，
没有誰説它的脚跑得過馬。
更不威猛，
像獅子、老虎
使弱小的獸懾服。

馱得重，
耐得久，
不怕冷，
不怕熱，
永遠
在沙漠上
邁着悠閑的步子。

一九四六，三，二九，重慶

馬來的琴歌

春夜失眠，耳際若有聲昂昂，絶似琴音之繚繞。因憶往時所聆馬來琴歌，荒涼凄惻多急促之音，有如潮州戲中民間悲劇之聲調，哀感且遠過之。倘亦嗚其民族之遺際乎？夜静且長，輾轉無已，乃成是詩。節中宜急讀處，均不着標點，肖其促也。

一

蒼茫的琴音，
和着荒唐的歌聲
粗狂，悠揚，
在明光裏激蕩；
低昂，淒涼，
在銀光裏激蕩。
悠揚，低昂，
荒唐，淒涼！
摇曳——
昏朦寒夜
徐行江上的漁燈。
飛掣——
新晴良夜
狂奔天上的流星。
荒唐，低昂，

悠揚，蒼茫，
西比利亞雪海的森林，
大戈壁迷幻起的宫城，
千百隻嬌鳥在林裹争鳴，
千百匹怒馬在城裹奔騰！
我聽不懂，
也從不曾聽！
　低昂，悠揚，
　悠揚，低昂！

歌人們裸露全身或半身，
猪肝色的皮膚黑汗浸淫，
有的頭頂着銀瓶，光亮，
有的手舉着明燈，輝煌，
男一陣，
女一陣，
男男女女又一陣，
歌着荒唐的歌，
踏着荒唐的舞；
舞着蒼茫的舞，
和着蒼凉的琴，
這琴音悠揚，
悠揚，蒼凉，
一個年輕的天涯游子，
爲這異國情調迷惘，
雜在人群中觀聽，
不知是真景還是夢鄉！
低低昂昂，

凄凄涼涼！

二

這歌聲悠揚，
這琴聲低昂，
我勇敢地探索，
似一齊在歡唱，
斷髮文身，不着衣裳，
穴居野處，不用房廊。
椰殼有盤盞，
浴盆是海洋，
女是夏娃，
男是亞當，
同在伊甸中徜徉，
祇未把智慧之果分嘗。
無事辛忙，
也無惆悵。
不讀書史，
不寫文章，
天地玄黄，
歷史洪荒，
成天歡暢。
……

三

這歌聲低昂，
這琴音蒼茫。
什麽辰光，
海邊有白人來往，
建立了高峻的殿堂，
没有神像，
林立的煙囱，
有何用場？
判明了文野，
劃分了城鄉，
搶走了森林，
霸占了田莊。
人們的刀光，
我們的血光，
人們的子彈，
我們的胸膛，
無形的枷鎖，
有形的死亡，
瘋狂，倉皇，
奔忙，悲愴，
歌聲能怎樣？
琴聲能怎樣？
舞蹈又怎樣？
低低昂昂……
凄凄凉凉……

四

琴歌的隊伍過去了，
聲音在遠處悠揚，
餘音在耳邊迴蕩，
觀衆已散場，
馬路已空曠，
高樓的陰影在夜空摇晃，
一個年輕的旅客，
獨立在夜深的街上，
童稚的心迷惘；
有没有這一天：
還是這些琴手，
還是這些歌郎與舞娘，
組織了農村，
聯合了工廠，
聯絡了鄰邦。
叛逆的旗幟飄颺，
土槍、土炮、鋤頭、馬棒，
徒手的跟在兩旁，
奪取城市，
奪取洋場，
奪取煙囱，
奪取殿堂，
奪取森林與田莊，
把占領者趕下海洋，
向世界高呼：

我們是土著，
我們是東方！
這前途是否渺茫？
我童稚的心情激蕩，
許久許久在夜裏彷徨。

一九二八年

城下後

到處是凄愴，
到處是頽敗，
到處是凌亂，
風凄，日冷，天暗，
葱蘢的草木喲，
也似這般慘淡！

東邊拉下一堆瓦，
西邊倒了一堵墻，
有的大門在睡覺，
有的板壁開了窗。

階沿前，
水溝内，
破草鞋，
爛裹腿，
飯盒滚進茅厠去，
斗笠抛在垃圾堆，
啊，池邊誰的一頂金邊帽，
滚滿了泥灰！
街心裹躺着一個人，
没有動，
衹在呻，

渾身沾着自己的血，
求生不得，求死也不能！
　沉默吧，
　躺着的不少了，
　誰也未出聲！

標語貼了一滿壁，
紅色的，黄色的，緑色的……
　打倒軍閥！
　打倒大地主！
　打倒帝國主義！
　國民革命萬歲！
　工農兵學聯合起來！
　把你的鋤頭舉起！

一條湫隘的小巷，
傳出一陣嘈雜的聲響，
女的在哭，
男的在嚷。
　——别帶人吧，老總們！
　唉，真，真冤枉！
　——别帶人？説得便宜，走！
　冤枉？你家裏藏得有槍，
　誰教你家裏藏得有槍？
　問清白了再放。

一陣兵，
押着一個女人，

這女人濃妝艷服，
可滿面都是泪痕。
説伊是敵軍的什麽太太，
爹娘少生了兩條腿，
不曾逃出城。
　——快走，太太！
他們走進了大營。

　——呀呀荷，荷荷噲呀！
兩個人抬着一個竹箕，
箕内睡着一具尸，
餘血滴在路上，
箕外拖拽着四肢。
　——呀呀荷，荷荷噲呀！
好腥臭，
抬去那城外的荒地。

滿街都是兵，
很少老百姓，
穿黄衣的，穿灰衣的，
來，往，擁擠，一陣又一陣，
衹是，除了剛纔那位太太，
没有一個年青女人。

肉案前聳起一座城——
人的城，
　——猪肉兩斤，牛肉一斤，
　趕快再去殺猪，

我們是革命軍，
公平交易，
不少給你一文。

黄芽白，兩百錢一兜，
要不要，老總、先生？
——啊，好貴，不要緊，
老子們是革命軍。

——伙計，幫我們做菜，
要好又要快，
可不是，我們先來，
先來的先開。

——喂，老劉，
趕快去買酒，
五個人，七個人，
好，先買十瓶再説，
休忘了仁丹，果子露。

——啊，老曹！
好久不見了！
——怎麼，你在抬炮，
那太辛苦想不到，
來，喝一杯，
這酒真好，
夥計，菜呢，快炒！

——老李真行，
首先爬進城，
好漢子，
不愧革命軍，
不枉了七塊錢獎金；
可惜老蔡死了，
他第一個犧牲！

——你怕不怕死，
幹得這麼起勁，
——怕死？什麼話！
子彈都有眼睛，
不打我有福的人，
我是天上的將星，
哈哈，未來的總司令！

啊，到處是淒愴，
到處是頹敗，
到處是凌亂！

——作於莫斯科，1928 年

插上一根草標

我想在我頭上插上一根草標，
從東到西從南到北四處招摇。
標上寫道：
——“出賣走狗一條”。

我還要在報紙上登着廣告，
説我是一個忠實而勇敢的靈獒，
行獵與噬人無不當行出色，
演電影比玲丁丁還要乖巧，
而且喲，價錢又克己、公道。

假如真有出脱的一朝，
你想，我該是何等地驕傲，
各種頭銜，會把我的名片擠滿，
口袋裹裝不完現洋與鈔票，
啊啊！我在洋樓上高叫；
哈哈！我在汽車上狂笑；
我還要帶着摩登的“格爾”，
到中央飯店跳舞，開房間，洗澡。
我一口咬着肥白的麵包，
一面嚼，一面盡情地譏嘲，
我説——

混蛋，你再也坑不住我了！
但是我至今終於未賣，
也許壓根兒就没有人愛；
現在是麵包嘲笑着我，
他說：像你，餓煞，活該！

一九二九、三、三

雨花臺[①]

序

當我在廣州預備出國的時候，朋友 H 在南京被孫馨帥當作過激分子而殺掉了；雖則他不過是一個中國國民黨的黨員。我聽見這個消息，憤恨，然而徒然。接着便離開了我的祖國，又忙於些別的事，朋友的死，便於我很淡漠地成了過去。北伐軍到了南京之後，我不很久也到了南京。有一次，上雨花臺，有人指示那裏常常槍斃人，我禁不住就想起朋友 H，像雨花臺畔尚有他的血迹似的。今年，朋友素邀我到南昌賣粉條，路過死者的故居，順便去探望他的家。家境是很蕭索，一望而知。死者的慈母，白髮蒼蒼，竟老得不成樣子了。孩子已有六七歲，酷像他爸爸的童年，現在在小學一年級，據説，居然很聰明。令人一悲，又是一喜。孩子的媽，未看見，不敢問。老人家説，她在 H 被害後五個月，就回娘家去了，一直到現在。她是外鄉人，當然也不能望她回來了。臨行，老和幼，都很誠懇地送我。孩子説，N 伯，你到省城去教書嗎，我明年要到省城來從你。我笑説，好，明年我來接你吧。老人家也笑，但最後却是流泪。大約由我而想到她的兒子了。這情景，是如何地令人難忘呵！到南昌不久，就是死者的五年忌，我想到五年以前的 H，活生生的一個青年，現在到哪裏去了呢？如其是遠别，應該有消息；如其是夢，應該醒！然而都不是！因此我就用 H 生時常常對我所談的他的憤慨，很狡獪地寫成了這首詩。這就算紀念死者的精神吧！

---

① 編者注：本篇原題《現制度謳歌》，發表於 1931 年 5 月 1 日《創作》月刊第一期，詩前有序文，學林出版社出版的《聶紺弩詩全編·山呼》未録，現補入。

H的五年忌於南昌江右公寓

烈日在炎空炫耀它的威嚴，
游客們走得渾身都是汗，
“媽呀，聽説雨花臺的石子怪好玩，
咱們今天要把各石攤子全買遍！”
妻是嬌媚，年青，
孩子又伶俐，又憨，
我帶着她們在烈日下趲，
全不知道倦，
雖是雨花臺在我們像是一架山！

忽一陣腥臭在熱風裏跑，
想是死狗的遺軀被太陽蒸發了；
禁不住兩眼向腥風的來處瞧。
　　妻説：“那山脚下是什麽，你想？”
　　“什麽？”我順着她的指頭望：
　　啊，一個人，兩個人，
　　三個，五個，半裸露的尸身，
　　枕籍，
　　縱横，
　　血腥在他們身上蒸騰！

她説：“哪怕不是一班青年，
報上説有幾個反動分子搗亂，
已經捕獲，研訊，收了監，
這結局就擺在咱們面前！
　　現在，唉，真是青年的大劫，

　　動不動，就流幹了自己的血！”
　　　說着，她就抱起孩子來狂吻，
　　　我知道這痛徹了一個母親的心。

我說：“你愛看，別看不起這時代，
這是咱們的極樂世界，
它教別人養活了你我，
你我喲，却在幸福的氛圍裏戀愛！
　　咱們雖没有無上威權，
　　一切辛苦却與咱們無緣，
　　不用作工，也不用耕田，
　　可以做官，又可以挣錢。
　　　縱不然，憑着你的學問，
　　　學者與教授的頭銜拿得穩，
　　　并且當局爲了你我的寧静，
　　　會把一切搗亂分子肅清！”

她說：“你不說更幸福的是你們男子，
有充分自由選擇異性的柔性與美麗，
姬妾成群，那衹是多情的本色，
馬路上又陳列着艷妝的肉體，
要怎樣就可怎樣，
衹要不怕病毒戕害了你！”

我禁不住哈哈大笑：
“說來說去，總離不了你的老調，
　　但社會若是没有尊卑，等級，
　　假如說，不做工的便没有得吃，

你，我，都同拉洋車的打在一起，
再也没有誰來服侍你，
那時，怕你不扯着我發急！”

我說：“孩子，長大時别輕舉妄動，
要知現社會就是咱們的王宫，
别跟着傻子們做着糊塗的夢，
他們是嫌生命纍贅，臃腫，
定要在現制度的鐵蹄下斷送！
不信，你看雨花臺下的尸體横陳，
無人過問，
爛臭難聞，
這就是他們末日的情形！”

一九二九年二月十五日

床上的故事

從畫帖講到了紡輪，
阿麗絲又扯上魯濱孫，
睡吧，肚子裏的故事給你搬完了，
我明天還要早起去找錢來活命，

怎麽，你説再不聽那騙人的童話，
倒要認識認識這現實的社會？
好吧，我就講一個社會的現實給你，
可是孩子，聽了别偷着一個兒掉泪！

有這麽一個省份，有這麽一個縣，
每一個縣裏，你知道都有一個官，
這個縣裏的老爺可真精明又强幹，
那一天他把五個土匪都拿到了案。

“旭日高升”下坐着方面大耳的老爺，
公案前跪的五個瘦弱的土匪，
要是那老爺真有三分像人，弟弟，
五個土匪至少有三十分像鬼！

你曾看過縣裏的老爺坐堂，
衙役們排成一條人的巷子，
他們吆喝一聲，三魂會嚇掉你的兩魂，

要是你不招供就打得你不成樣子。

老爺睜眼先望望那年紀大的，
這老家伙名叫——假如說，王阿七，
“你是哪裏人，今年多大年紀?”
“老爺，小的，祖籍山東，今年五十一。”

還有一個小子年紀不過十七八九，
要是看他臉上總猜有三十二三，
其餘的人都是二十五到三十之間，
一個個比你的阿哥還要枯乾。

老爺問：“你們這些不安分的東西，
是不是曾趕過趙鄉紳的兩條公牛?
在去年臘月二十八還是二十九，
又把劉寡婦的神貨錢都一齊搶走?”

五個人說：“老爺，你的話一點也沒錯，
每一件事，我們都曾做過，
并且也曾殺人，也曾放火，
我們做的比你知道的要多得多。”

老爺說：“好，你們既這樣爽快地承認，
可知你們的罪都要處以死刑?”
五個人齊聲說：“我們老早就不怕死了，
反正活着也做不出什麼乾坤!”

“但是老爺”，這回是王阿七單獨發言，

“要殺，請你先把我殺掉，
我死後你剖開我的肚皮看看，
然後拿我的四個弟兄們開刀！”

那四個人説：“不行，他的話没有一點道理，
要殺還是先從我們殺起，
老頭子原是我們拖纍他的，
我們怎能睁着眼睛望着他死？”

老傢伙説：“我已經過了五十歲，
孩子們，就是死了也不算短壽，
你們遲一步也許會得救，
若無救又何争這一個半個鐘頭？”

老爺在堂上爲了他們的争執而納罕，
這些傢伙們究竟懷的什麽鬼胎？
好，就先從這老東西殺起，
看殺了他會有什麽花樣出來！

那一天許多人聚集在廣闊的殺場，
天上是一片暗雲，看不見一綫陽光，
殺場的垓心跪列着五個土匪，
那老傢伙沉默得像獻身的聖者一樣。
其餘四人都睁眼望着那老大哥，
泪和汗似飛瀑在他們臉上奔瀉，
祇見閃亮的鬼頭刀向大哥的頸上一削，
頭一滚，無頭尸身就倒在猩紅的血泊！

監斬的老爺説快把他的肚子剖開，
刀斧手就翻轉尸來劃了一刀，
五臟和六腑都向肚腔外亂涌，
一顆滾熱的心還在怦怦地跳！

衙役們聚攏來檢查這死人的臟腑，
看了看心肝，又看看腸肺，
怪，一切都没有什麽特殊的痕迹，
那四個跪着的人説：“何不再看看他的胃？”

弟弟，你試猜他胃裏裝的些什麽，
一大胃都是消不化的樹皮與草根，
夾着些牛皮以及旁的雜物，
這就是他們一切罪過的總原因。

這時候，那四個未死的人倒地痛哭，
他們高叫“誰也不能瞭解生活困苦，
法律不許妨害有錢的人而生存，
却不管窮人的飢腸用什麽來填補！

“許多人都在擠榨我們窮人的血汗，
做官的老爺們，又把我們的所有搶完，
我們要搶一個饅頭，就犯了死罪，
看來天下萬事，最好莫如做官！

“前幾年我們都是怪安分的農民，
怎禁得起這連年的水旱與兵灾？
要是我們有田種，或可出賣氣力，

今天許不會被人家砍掉腦袋!”

你別急，這四個人也自有個下落，
當時就被仁慈的老爺帶回了衙門，
老爺說：“我拼着把這小小的縣長不做，
至少，要給你們辦個無期徒刑。”

以後縣長還是在做他的縣長，
四個小伙子又重新綁上殺場；
因爲上司說偏要辦這刁頑的匪類，
所以他們一回死不完就死了兩回!

其實，他們死了未必比活着還壞，
活着總要飯吃，豈不倒霉?
這孩子，怎這樣心軟，就哭將起來，
要知道，這就是你要認識的現實社會!

說是說，爲吃飯而苦着的人們不知多少，
除了麵糰糰的財主與顯煥的達官，
像你的阿哥這樣貧窮又没出息，
說不定咱們會煮爛皮鞋來當早飯!

許多人都知道這個平常的故事，
可是都不曾像你這樣的嚎哭，
孩子，要是這故事太使你傷心，
“從前有一個”——聽，我給你講那木偶的奇遇。

一九三三、二、五，改作於東京

渡江渡江渡江！

批評的武器不能代替武器的批評，
物質的力衹有物質的力纔能打倒。

——馬克思

一

“我們命令你們：
奮勇前進！
堅決、
徹底、
乾净、
全部地
殲滅
中國境内
一切敢於抵抗的
國民黨反動派！”
“我們命令你們：
奮勇前進！
逮捕
一切怙惡不悛的
戰犯；
（不管他逃到哪裏！）
特别注意

匪首
蔣介石!”

這是毛主席
朱總司令
寫給全體人民解放軍的
偉大的詩篇。
試敲敲看,
它會發出
鋼鐵般的
當當的響聲,
而且餘音嗡嗡,
迴蕩到全世界,
永久,永久!

快黃昏時,
我躺在床看書,
一聽到這聲音,
把書向上一拋,
拋得它撞到屋頂,
不知掉到什麽地方去了,
我一躍而起,
舉起雙手
向窗外高呼:
“萬歲!
萬歲!
半個中國
二萬萬以上的人民,

要由這詩篇而解放了!”

二

街上的燈火
還未顯出燦爛的威光。
這僻静的街上很少行人。
鐵道橋邊
有一個小女孩在賣號外,
明知她賣的就是剛纔看到的那張,
還是走攏去向她買了。
我願把它全部買完,
然後給朋友們一張張送去。
一想到别人這時定也看見了,
就不禁自己笑起來。
賣報的女孩遞了一張給我,
一面喊着:
“號外! 號外!”
向更僻静的街上跑去了。
她赤着脚,
穿着一身破爛的衣服,
披散的頭髮底下
却有一雙閃亮的大眼睛,
向你一望,
就像傾訴着無限的感情,
像人和人之間
衹隔着肥皂泡似的一點薄膜,
衹要吹一口氣就會破滅。

“好美呀!”
突起了一種强烈的欲望:
吻她一口,
像吻我的女兒一樣。
但她已跑了,
“號外! 號外!”
她不知在哪裏喊。
聲音充滿着愉快
和幾乎不能承受了的幸福,
正像她的眼睛。

我向熱鬧地方走去,
想在人叢中發現
一個
幾個
乃至許多熟人、
朋友、
同志;
我想起我的妻子,
女兒,
一切愛我者和我愛者,
我要向他們傾瀉出心頭的狂喜,
願他們要我傾瀉出心頭的狂喜。
我幾乎站在十字街頭,
向來往的人們朗誦:
　　“我們命令你們,
　　奮勇前進!
　　堅決、

徹底……”
“嗚嗚……！”
一輛汽車擦過，
幾乎把我撞倒了！

三

“堅决、
徹底、
乾净、
全部……”

半夜了，
睡不着，
不能看書，
那詩篇的句子
在我耳邊響；
不能打什麽文章的腹稿，
那詩篇在耳邊響。
去你的吧，
還有什麽書，
什麽文章是必要的呢，
在這偉大的詩篇面前！

熄了燈，
閉上眼睛，
那詩篇還在響

我想：
在那洪亮的詩句號召下
今天，
今夜，
此刻，
長江下游，
六百裏地帶，
我們的解放軍，
我們的指揮員和戰鬥員，
我們的人民英雄，
我們的革命健兒，
我們的巨人，
我們的歷史創造者
正在——
渡江！

我彷佛聽見
兩岸的槍炮聲，
喊殺聲，
敵人的兵艦，
橋頭堡
機關槍和炮兵陣地
被摧毀聲；
江水的汩汩聲，
汽船摩托的突突聲，
木船和槳橈的欸乃聲，
千萬橈手們的邪許聲。

仿佛看見
千萬隻戰船，
在朦朧的夜色裏
在江上
飛駛！
江心的群星亂捽，
銀光閃耀；
炮火的紅光，
時隱時現，
隨又爲船陣所遮没。
對岸的敵陣
中彈
起火
燃起滿天的紅霞……

好像我自己
就在某隻船上，
和無數鄰船并進。
江水被船陣阻塞
激成巨浪，
船和船
互相擊撞，
互相妨害，
船身傾蕩，
浪花濺上軍衣。
我屏着氣，
臉上發燒，
心頭怦怦地跳，

身上微顫，
不知是夢是真。
手捏着槍枝，
槍枝發出格格的聲響，
我焦灼，
我迫不及待，
我要立刻到岸，
我要向敵人刺殺，
我要呼喊，
我要狂叫！

好像我又是
在北岸等候渡江的英雄，
還没有輪到自己，
急得跺脚，
恨不得生出翅膀飛過去，
而且就是輪到，
頭功也被别人搶去了！
好像又是本在江南的豪杰
正向就近的敵人撲過去，
用行動迎接渡江的同志！

可是我没有這麼幸運
没有這種光榮，
我没有參加這
偉大的、
空前的、
劃時代的

渡江！

如果我是個兩岸的居民，
一個婦女，
一個兒童，
哪怕衹捧着一碗白開水，
歡送或歡迎
我們的英雄的行列，
哪怕衹站在一個戰士面前，
怯生生地説：
“辛苦了，同志！
喝水吧，同志！”
我也滿足了。
甚至是一個敵軍官或兵，
能在這時候，
率領部下，
或衹獻出自己的一枝槍
向解放軍説一句：
“我投降了！”
我也滿足了。
衹要看見一眼就滿足了，
衹要聽見一點聲音就滿足了。
……

我起來，
走上天臺，
迎面吹來一陣凉風
街燈發着强烈的白光，

照得對面的墻壁，
死人臉似地蒼白。
向下望去，
街上遠遠近近，
没有人，
没有車，
没有任何聲音，
香港和九龍全睡死了。
哦！
這麻木的都市，
難道不知道
我們的解放軍
此刻正在
渡江！

四

蔣介石的末日到了，
李宗仁、何應欽的末日到了，
四大家畜的末日到了！
軍閥、
官僚、
買辦、
大地主的末日到了！
帝國主義在中國的勢力的末日到了！
一切依附帝國主義和封建勢力的
魑魅魍魎的末日到了！
封建勢力統治了中國幾千年，

帝國主義和封建餘孽
共同奴役中國已百多年，
現在想靠長江天險，
僞裝和平，
在半個中國
苟延殘喘的機會也没有了，
他們的末日真正到了！
逃跑呵，蔣介石！
逃跑呵，白狐狸！
逃跑呵，四大家畜！
火車裝不完、裝不及，
輪船裝不完、裝不及，
汽車、飛機裝不完、裝不及！
恨爹娘少生了兩條腿，
恨早未學過
化裝術，
變形術，
隱身術！
恨自己的地位爬得太高了，
發的財太大了，
殘害的老百姓太多了！
爲什麽早不是工人，
不是農民，
不是茶房聽差呢！
來不及了，
什麽都來不及了！
説讀過《資本論》也來不及了！
説讀過《新民主主義論》、

《論聯合政府》也來不及了！
說“我也是貧農出身，
毛澤東和我一同吃過飯”
也來不及了！
扯掉特級上將的領章，
燒掉國大代表的選舉票，
這一切東西往哪裏塞？
老百姓的衣服哪裏有哇！
……

江南的父母們，
國民黨吞掉了你們多少兒女！
江南的兒女們，
國民黨毀滅你們多少父母！
江南的妻子們，
國民黨拉去你們多少丈夫！
江南的丈夫們，
國民黨强奸了你們多少妻子！
他們用金元券，
換去了你們辛勤的成果，
騙去你們僅有一點黄金白銀，
拉你們的壯丁，
用繩子捆着，
用槍逼着，
用鎖鎖着，
用鞭子打，
用脚踢；
剋扣你們的糧餉，

讓你們吃不飽
穿不暖，
没有一個零用錢，
還要當炮灰，
這血海的冤仇
你們不會忘記吧！
現在
報仇的日子來了，
替你們報仇的人來了，
不要收留一個戰犯，
不要隱藏他們！
有一個人從你們門口過
就把他捉住、
捆起，
解到解放軍來！

全世界無産階級的弟兄，
全世界被壓迫民族的人民！
全世界中國的朋友們！
你們都明白：
以血腥的統治
重重地
久久地
壓在人民頭上，
使中國人民今天纔能翻身，
作爲國際帝國主義
與中國封建勢力的化身
阻撓了中國的進步，

也阻撓了世界的進步的，
就是這些戰犯們！
你們自己，
你們督促你們的政府，
在你們國境内
各碼頭，
和車站，
各機場，
不許這些戰犯入境！
這不是中國一國的事，
也不是今天一天的事呀！

全世界的人們，
全中國的人們，
一切星球的人們，
一切過去的人們，
一切未來的人們，
歡呼呵，
鼓舞呵，
高歌呵，
爲了
我們的百萬雄獅
渡江！

一九四九、四、廿二，香港

山　　呼[①]

——爲中華人民共和國誕生而歌

第一章　日　出

紅光滿天，
金光滿天，
紫光滿天，
紅的，
金的，
紫的，
各種顏色交織的，
不知該說是什麼顏色的
霞光滿天。

天是透亮的。
雲是透亮的，
由雲變成的金殿玉闕，
　　　　　金童玉女，
　　　　　珊瑚玉樹，
　　　　　青獅白象，

---

① 編者注：由《論元旦——爲一九四九年元旦作》和《一九四九年在中國》部分章節整合、改作，收入學林出版社《聶紺弩詩全編・山呼》。

交織，
照映，
遮掩，
變滅，
無一不是燦爛，閃爍，
炫花人的眼睛。

大海里也有天空，也有雲霞，
河流裹也有天空，也有雲霞，
池塘，
水田，
微抹着一道薄霧，
都發着跟天空一樣的光彩。

太陽！
哦！
太陽！
那巨大的輪盤，
那殷紅的熔液，
像剛出爐的鐵汁，
開始凝結，
還在蕩漾，
將要滴落，
在雲那邊，
在海那邊，
在山那邊，
默默地，
冉冉地，

渾然一體地
升起來了，
像雜沓喧囂的會堂，
崇高，
尊嚴，
豪華，
美麗的
女王
披着金織的輕紗
拖着毫光閃閃的長裙，
在寶座前
出現！

山谷蘇醒了，
原野蘇醒了，
村莊蘇醒了，
城市蘇醒了！
大海歡呼，
百鳥歌唱，
牛羊哞咩。
樹林舉起千百隻手，
花草含着感激的泪，
少女用嬌羞的臉，
嬰兒用呀呀的語言，
工廠、船舶用汽笛，
軍隊、學校用號音，
一齊歡迎，
　　禮贊

這壯麗的日出！

山變成神山了，
水變成天河了，
牛欄、馬厩變成宮殿了，
老人變成孩子了，
襤褸變成新衣了，
哦！
在陽光普照之下，
多麼美的世界，
多麼美的田野，
多麼美的萬物，
多麼美的鄰人，
多麼美的自己！
多少年辰以前，
先知就告訴我們：
將有一個日出。
飢餓麼，日出了就好了，
寒冷麼，日出了就好了，
痛苦麼，日出了就好了，
恐懼麼，日出了就好了！

日出，
在實現以前，
就是誘導我們前進的希望。
知道夜不是永久的，
知道星月不是最亮的，
我們纔感到生活與生命的意義。

纔有活下去的欲望和勇敢。

守候得太久了，
盼望得太久了。
我們，
我們的先人，
連那預言日出的先知，
誰也没有看見過日出，
誰也説不出日出的確期。
多少次鷄叫，
　　　月落，
　　　東方發亮，
我們都以爲是時候了；
然而都失望了！
不過是個神話吧？
不過是個幻想吧？
不過是寓言或謊語吧？
它不會來，
我們全看不見，
我們幾乎絶望了！
誰知
就是今天，
就是現在，
却真的日出了！
我們真看見太陽了！
真是真的麽？

看見了太陽，

纔更覺得以前的暗黑，
纔更悔恨過去的日子都白過了。
不但我們，
我們的祖先，
自從用兩隻脚走路以來，
千萬年，
千萬代，
都在長夜裏苦了一輩子！
不能把過去拉回來，
不能叫祖先活轉來從今天過起，
我要爲這永遠的遺憾痛哭！

我是光的崇拜者，
贊美過月亮，
贊美過星星，
贊美過燐螢和燈火；
現在，
在這最大的光明面前，
月亮羞愧了，
星星無光了，
燈火消滅了，
燐螢匿迹了，
却找不着稱道的言詞！

我想問黑夜：
你昔日的威風呢？
我想問猫頭鷹：
你還能横行麽？

我想問更夫：
現在是幾更幾點？
可是找不着他們！

告訴你一句真的夢話：
那太陽
就是
我們人民
自己！

第二章　元　旦

1. 春天的開始

今天是什麽日子？
今天是元旦：

元旦
春天的開始，
那歷史的春天，
　人民的春天，
　生活的春天，
　感情的春天，
　思想的春天。
衹有真的春天，
纔有真的元旦。

2. 歷史的春天

歷史是相斫書，
歷史是人吃人書。
不，
歷史是强盜殺人書，
歷史是野獸吃人書，
歷史是人被吃被砍的書。
歷史上不曾有過春天。
没有春天的不是真的歷史。
真的歷史該從今天寫起，
今天是元旦。

3. 人民的春天

翻開歷史一看，
滿紙是聖君賢臣，
　　　慈父孝子，
　　　烈士貞夫，
　　　仁主義僕。
衹是没有人民！

地震的時候，
母親可曾告訴你這樣的神話：
　大地是鰲魚馱着的，
　地震是鰲魚换肩。

人民就是歷史的鰲魚
馱着整個歷史，

讓聖君賢臣高踞在上，
自己却在下面匍匐。

現在，
鰲魚换肩了。
不，
人民翻身了，
聖君賢相們從歷史上跌下來，
爬得高，
跌得重，
讓他們自己可憐自己吧！
人民不會同情他們，
人民要寫自己的歷史。

4．生活的春天

那一望無涯的田野，
桃花紅，
李花白，
菜花黄，
豆花紫，
多麼肥沃的土地喲，
多麼美麗的世界喲，
那世界是我們的。
整個大地都是我們的，
我們在上面開牧場，
　　　　築水池，
　　　　建煙囱，
　　　　修鐵路，

要作什麽就作什麽，
誰也不敢干涉。

昨天
它還是一個殺人的屠場，
有的是吃人的魔王。
祖父在這兒挨過耳光，
爸爸坐過牢，
媽媽叫討債的逼得上吊，
哥哥給抓去當壯丁，
田裏的莊稼又都是地主的。

今天，
我們再不給人白種地了，
　　再不怕誰打耳光，
　　　　　　關牢，
　　　　　　抓壯丁了，
母親們也再不上吊了，
整個田野都是我們的，
田野上的一切都是我們的！
是我們的！
是我們的！
説一千遍、一萬遍都不犯法，
犯法的是那説那不是我們的的人，
我們審判他！

5. 思想的春天

向你們宣布：

我是馬列主義者！

“當它還是禁物的時候，
你不敢宣布；
現在誰都願意自稱了，
你又不敢不宣布！
馬列主義不是怯弱的信仰！”

假如早不宣布是錯的，
現在還不宣布是更錯的；
假如不敢不宣布是弱的，
怕人説弱而不宣布是更弱的。
不是馬列主義不是怯弱者的信仰，
是信仰它的就不再怯弱！

“我們要的是思想，
不是信仰！”
我信仰，
就因爲曾經思想，
　　　正在思想，
　　　還要思想。

如果你真思想，
——現在還裝什麼假呢？
如果你敢思想，
——現在還有什麼怕呢？
遲或早，
你會信仰馬列主義！

“終有一天，
什麽主義也沒有了，
連馬列主義也在内。”

但那就是馬列主義，
那是馬列主義戰勝一切了。

馬列主義是：
春天的思想，
思想的春天！

6. 走進我們的春天

春天來了，
從今天開始，
那歷史的春天，
人民的春天，
生活的春天，
感情的春天，
思想的春天。

它從冬天來，
還帶有冬天的寒意，
但不久就會暖和。

有人會過不慣春天的日子，
像從黑屋子出來怕見太陽，
但很快就會習慣。

吟詩吧，
畫畫吧，
唱歌吧，
跳舞吧，
歡迎我們的春天；
走進我們的春天！

春天，
會和我們水乳交融，
會和我們投合無間，
會和我們永遠同在！
今天是開始的日子。

7. 餘　音

讓垂死的人們説：
“春天來了，
春天不是我們的，
我們要死了！”
但那不是我們！

第三章　我　們

1. 四萬萬七千五百萬

四萬萬七千五百萬，
全世界人口四分之一，
中國人民，
今天，

霹靂一聲，
像巨人一樣，
頂天立地，
第一次
在歷史上，
在世界上，
站起來了！

沉睡的獅子醒了！
抖了抖身子，
趕走了惺忪的睡意；
聳立在危崖，
面臨着萬頃波濤，
面臨着血紅的朝日，
吸滿一大口氣，
向遥天
發一聲吼！
朝日失色了，
波濤無聲了，
山谷和鳴了，
百獸震恐了，
草木摇落了，
大地顫動了！
這就是我們，
我們是四萬萬七千五百萬！

瞎子眼亮了，
聾子會聽了，

啞吧説話了，
癱子走路了，
傻子聰明了，
枯骨長肉了，
死人復活了，
鷄鴨能飛了，
牛羊能跑了，
猪變成野猪了，
猫變成老虎了，
我們是四萬萬七千五百萬！

用自己的手除掉項上的枷鎖，
用自己的手扯脱腿上的鐐鏈，
用自己的手打開地獄的鐵門，
用自己的手舉起長夜的火把，
用自己的手把天國移到地上，
　　　　　將來變成現在，
　　　　　彼岸挪到此岸！
昨天是卑微的奴隸，
今天是一切的主人！
在中國，
我們之外，
再没有别人，
我們是四萬萬七千五百萬！

2. 三百萬和三百五十萬

我們是三百萬和三百五十萬，
三百萬布爾塞維克，

三百五十萬人民解放軍!

我們從田野來,
　　從磨坊來,
　　從牧場來,
　　從礦山來,
　　從工廠來,
　　從作坊來,
　　從碼頭來,
　　從車站來,
　　從監獄來!
我們從一把菜刀來,
　　　一把斧頭來,
　　　一根木棍來,
　　　一根梭鏢來,
　　　一隻鳥槍來。
我們從空手來!

我們全被壓迫過,
　　　　剥削過!
多少人被殺了,
多少人被監禁,
　　　　拷打,
　　　　放逐,
　　　　圍剿!
我們身上還有枷鎖的痕迹,
　　　　　　鞭子的痕迹,
　　　　　　血的痕迹!

然而，
我們匯合了，
　　强大了。
向壓迫我們，
　剥削我們，
　殺戮我們，
　監禁我們，
　拷打我們，
　放逐我們，
　“圍剿”我們的
全體舊世界的强盜
進軍！

奪取村莊，
奪取堡寨，
奪取都市，
奪取京城，
奪取政權，
奪取一切！
向强盜們吶一聲喊：
“投降。
否則消滅！”
我們勝利了。

我們是
三百萬布爾塞維克，
三百五十萬人民解放軍；
我們背後是

全中國，
全世界！

3. 偉大神聖的業績

一

我們在歷史的長途上
劃開了一條河。

河這邊，
新世界的起點。
“旗正飄飄，
馬正蕭蕭，
槍在肩，
刀在腰……”
人民的長征
正從這兒出發！

河那邊
舊世界的終點，
洋大人，
買辦，
官僚，
土財主，
收租的，
包税的，
放印子錢的……
在河邊痛哭，
他們脚下再没有路了！

二

我們放起了一把火，
燒光了魔鬼的宫殿。
替無數年辰以來，
吃人肉，
喝人血，
嚼人骨，
寢人皮的魔鬼們，
舉行盛大的火葬！

我們放起了一把火，
燒燃了禽獸的森林，
把虎狼的巢穴，
　狐狸的巢穴，
　蛇的巢穴，
都燒光了！
它們奔跑，
　　吼叫，
　　跳踉，
却逃不出這巨大的灾難。

我們放起了一把火，
給自己光明，
給自己温暖，
替自己延長白天，
　　　趕走冬天，
　　　提早春天！

三

我們竪起了一面旗，
中國人民翻身的旗，
東方最大民族解放的旗，
它在天空飄，
　在泰山頂飄，
　在華山頂飄，
　在額非爾士峰飄，
　要使東南亞，
　　　中亞細亞，
　　　澳洲，
　　　非洲，
　　　南美洲，
一切被壓迫民族，
望見它而振奮，
　　　　興起；
使全世界無産階級歡呼：
粉碎杜魯門主義，
　　馬歇爾計劃，
　　艾契遜陰謀，
一切帝國主義劊子手的幻想！
證明先哲的真言：
先進的東方，
落後的西方！
先進的亞洲，
落後的歐洲！

四

我們是粗鹵的。

但是有力量取得所要取得的，
更有力量保有所已取得的。
我們要
打碎王室貴冑的秩序，
　　地主、官僚的秩序，
　　帝國主義、
　　買辦、軍閥的秩序；
在這九百五十九萬七千平方公里的國土上，
第一次，
照自己的意見，
照我們人民的意見，
重新安排！

“讓那些内外反動派在我們面前發抖吧，
讓他們去説我們這也不行那也不行吧，”
　我們已經勝利了，
　而且還要勝利！

第四章　答　謝

1. 給克列姆的紅旗

莫斯科別來無恙！
莫斯科河邊的紅場別來無恙！
紅場上的列寧墓別來無恙！
從前是沙皇的宮殿，
現在是無産階級政權的象徵，
克列姆別來無恙！

克列姆墻頭的紅旗别來無恙！

二十年前，
一個大風雪的深夜，
從一個晚會回到“中國城”，
街上没有行人，
積雪把街道映成没有太陽的白天，
走過紅場的時候，
我看見
一面紅旗
在克列姆墻頭
呼啦啦飄！
風要扯碎它，
它呼啦啦飄；
雪要壓没它，
它呼啦啦飄；
寒冷侵襲它，
它呼啦啦飄；
呼啦啦飄，
呼啦啦飄，
我仿佛看見，
　仿佛聽見，
它以列寧講演的姿勢，
　以史太林檢閲紅軍的姿勢，
向世界
播送一句倔强的語言：
全世界的
無産階級和

被壓迫民族
聯合起來!

克列姆墻頭的紅旗,
你無産階級祖國的標志,
　世界革命大本營的標志,
　人類永久和平堡壘的標志!
今天,
一個東方被壓迫民族,
四萬萬七千五百萬人民,
站起來了,
你可聽見了這消息?

没有你,
中國也會起來。
但農民起義過多少次,
就被剿滅過多少次;
弱小民族叛變過多少次,
就被壓伏過多少次。
這不僅是一國的歷史,
這是全世界的歷史!
衹有有了你,
　　跟着你,
在你的號召之下,
　　　養育之下,
　　　影響之下,
我們纔真起來了,
而且不再倒下。

在和
帝國主義的炮火，
封建軍閥的淫威
長期鏖戰的時候，
在戰鬥的行列中，
我，
一個舊世界的“讀書人”，
曾有多少次
感到自己的孱弱，
　　　　　疲乏；
一想起你，
克列姆墻頭的紅旗，
便浮起
一雙慈母的，
　　愛人的
囑望的眼睛，
不由不振作，
　　　勇敢
　　　加强了堅强的脚步！

克列姆墻頭的紅旗，
我們民族，
我們人民的解放，
一定使你欣喜——
像田野的緑色
使播種的農夫欣喜一樣；
像壯游歸來的游子

使母親欣喜一樣；
今天，
你該爲我們開顏一笑了！

我們的起來，
會使世界革命的隊伍更强大，
使永久和平的堡壘更堅固，
使最後勝利更逼緊。
請你向全世界無産階級和被壓迫民族，
播送中國兄弟的約言：
我們要
脚步和着脚步，
臂膀挨着臂膀，
前進！前進！
把舊世界的强盗
殺光！

2. 給先烈

起來，
先烈們！
不是長眠的時候
看囉！
滿地鮮花，
滿天雲霞，
滿山林木，
滿田稻粱，
滿城煙囱！
滿街行人，

行人滿臉歡笑，
　　滿身新衣……
你們理想的，
却沒有見過，
也想象不到的，
黄金時代實現了：
還躺着幹嗎呢？

在新時代裏，
一切應該活着的都活着，
祇有應該死去的纔死去；
沒有人捕捉你們，
　　　　監禁你們，
　　　　放逐你們，
　　　　殺害你們了。
到了自己的世界，
你們還躺着幹嗎？

起來！
和我們一同迎接，
　　　　　歌頌，
　　　　　享受這時代！
沒有比你們更配迎接的，
沒有比你們更會歌頌的，
沒有比你們更該享受的了，
還躺着幹嗎呢？

歷史太久，

罪惡堆積得太多，
不是話說得好的，
不是水洗得乾净的，
它需要血，
英雄的血，
志士的血，
先知的血，
人民的血，
於是你們倒了！

一個人倒了，
一個人接着；
一群人倒了，
一群人接着；
把才力，
　智慧，
　德性，
　生命，
　爲了新的中國，
　　　新的人民，
　　　新的世界，
眉也不皺一下，
血祭了，
歷史造成的吸血獸！

可曾有人問：
把黄金時代預約給將來，
又把什麽給與人們的現在？

你們用英勇的獻身回答：
把鬥争，
給與他們的現在，
也給與我們自己！
行爲就是榜樣！

没有你們，
不會有今天。
舊世界的金城
是你們的沉重的尸體壓垮的，
是你們的洶涌的血冲倒的！
你們永遠活着，
你們的理想活着
　　　英勇的姿影活着，
但舊世界却死了！
没有起死回生的藥，
不能用舊世界贖回你們
却把它做了你們墳前的祭禮。
我們還要鬥争，
　　還要前進，
讓你們的理想
開更鮮艷的花，
結更多的果。
起來，
縱然不能够了，
也要讓你們躺着微笑。

3. 給毛主席

毛主席，
我們的旗幟，
東方的列寧、史太林，
舊世界的掘墓人和送葬人，
新世界的創造者和領路人！
四萬萬七千五百萬雙眼睛望着你，
四萬萬七千五百萬雙耳朵聽着你，
四萬萬七千五百萬雙手擁護你，
四萬萬七千五百萬顆心愛你，
四萬萬七千五百萬個生命交給你。

我們向世界高呼：
“偉大者毛澤東！”
我們向過去高呼：
“勝利者毛澤東！”
我們向未來高呼：
“開闢者毛澤東！”

一切光榮怎樣屬於我們人民，
一切光榮更怎樣屬於你！

告訴我：
怎樣的言詞，
纔是最能贊美毛主席的？

一九四九年、二月至九月，香港

醒　後[1]

瓦縫裏剛鑽進一點亮光，
雀兒們就在屋山上舞蹈。
　　“嗶吱，嗶吱，嗶吱，”
從心弦上彈出瑶琴般的音調。

屋内睡着一個青年，
甜蜜的夢兒纔醒。
夢中與他底美麗的安娜，
擁抱而且接吻。

愛人告訴他説這是夢呵！
他連忙答應：“好的！你接受我底愛，
而又愛我，
即夢境也是真實。”

“然而夢是要醒的，保羅！
自然是這樣安排：當太陽走進你底屋子，
你終會將眼睛睁開。”

“不，没有的事，安娜！

① 編者注：此稿原載《陸安日刊》複印件，由陳紹哲老先生提供給姚錫佩。本篇在《聶紺弩全集》中存目。

誰肯聽自然底命令？
并且干預我倆愛之夢時，
自然豈不是過於殘忍？

“其他的夢也許有個規定，
然而我倆是真愛；
自然是仁愛不過的
豈不許有個例外？

“我留戀這夢境的快樂，
并詛咒醒後的痛苦：
住不慣那敗壁頹垣，
看不慣那蓬窗破釜。”

然而太陽終究來了，
光芒射入他底眼睛，
驀然一驚的醒來，
就失掉了他底愛人。

四周都是頹垣敗壁，
其餘衹有蓬窗破釜！
倘回味夢境的快樂，
更深感到醒後的痛苦！

幾次想回復他底舊夢，
夢境已是虛無縹緲；
“好夢從來最易醒”，
而今連夢也做不成了！

“我現在唯一的請求，上帝呀！
千萬要你應允！
若醒後常是這般難過，
我祇希望做夢
不情願醒！”

凄風苦雨之夜於劫後的海豐

（原載 1925 年 4 月 17 日《陸安日刊》第 9 號・詩歌）

雪海的窺望

這是一條夭矯的游龍！
這是一條夭矯的游龍！
噓氣成雲，嗚聲動天地，
游行在這無際的長空。
聽！這風聲跟着他轟轟！
聽！這雷聲跟着他同響！

我是一條藐小的蛔蟲！
我是一條藐小的蛔蟲！
我與夥伴同一運命，
蜷蟄在這游龍的腹中，
這腹壁有一個透亮的隙孔，
我因之窺見了無際的長空。

這兒是雪的海，蒼茫！
這兒是雪的海，浩渺！
白色的狂濤向過去奔流，
白色的濃霧在海面上籠罩。
這不是海在號，火火！
這不是海在笑，好好！

白色的濃霧在海面籠罩，
白色的狂濤向過去奔跑。

那波間有黑影在浮動，
是不是優游的海島？
那天邊有山色在隱現，
是不是幽邃的海島？

好好，這不是海在笑？
火火，這不是海在號？
那兒像石杈丫的珊瑚，
在海面飄颻。
那兒像有巡海的群仙，
在海道上奔跑。

在海道上奔跑，
在海道上奔跑！
你在奔跑，海上的群仙？
我也奔跑，隨龍的夭矯。
這真是雪的瀚海，清寥！
這真是雪的洪波，浩渺！

這是一條夭矯的游龍！
這是一條夭矯的游龍！
噓氣成雲，鳴聲動天地，
游行在這無際的長空。
聽！這風聲跟他轟轟！

（原載 1927 年 3 月 21 日廣州《國民新聞》副刊《新時代》）

軍閥旗幟下的死者

鐵打的心碎了！
洶涌的泪枯了！
我要哭了！
我要哭了！
我在這赤色的異都仰天慟哭，
我哭，遥望着故國中原的白骨：
我似意大利的但丁失去情婦，
又似長城下的姜女哀悼着親夫，
似黄髮的兒童陡喪了恃怙，
臨年寡母，嚎啕半生苦守的弱孤，
我哭，我躃踴三千地哀嘷，
可是，兩眼擠不出一滴泪珠！
革命的健兒！
爲人類犧牲的戰士！
光榮的，
偉大的，
我不哭你，
我决不哭你！
你們是人類的光焰，
你們身殉了主義，
你們爲解放人類，
將膏血塗了魔王的利齒；
殺不死敵人，就死在敵人手裏，

苟且偷生，是你們的奇耻；
我説，你們應當死在魔王口中，
别處再找不出更好的死地；
即使，即使，恕我唐突！
你們没有這般壯志，
僥幸地，
已碰着這光榮偉大的死！
你們的紀念標，
已在萬衆心中竪起！
我遥望着堆積中原的白骨，
單哭那大中華良懦的無辜！
生前，他們是魔王的走卒，
曾高舉着罪孽的大旗奮袂狂呼；
他們從没有過遠大的志趣，
也并非爲轟動人間的虚譽，
甘心或不甘地抛送了頭顱，
却是，却是僅爲那微薄的餉糈！
無辜的健兒！
爲餉糈犧牲的戰士！
悲慘的，
沉冤的，
我要哭你，
我獨要哭你！
你們不知誰是朋友，
更不知誰是仇敵，
你們一生爲貧困所累，
却摸不着那貧困的端倪；
貧困向你們緊逼，

你們被貧困緊逼，
拋別了父母與兒妻，
也許本沒有父母與兒妻，
錯投向魔王的旗幟，
拿着槍打自家兄弟；
更可悲，你們的兄弟，
爲要救你，却又不得不殺你，
殺了你，還是爲救你，
不，救那許多你們一般的！
但，即使將人人救起，
你們的白骨却早腐朽在地底！
我在此遠吊那中原慘死的無辜，
仿佛已目擊了狼籍暴露的遺軀，
更想像多少父母的辛勤勞鞠，
誰不望兒孫壯大時光溢門閭？
多少蓬窗少婦正熬受着艱苦，
也定有提抱的兒女忽成遺孤，
而今，任你祭奠傾觴，天涯嚎哭，
試問，可有過滑滴酒漿穿透墓墟！
慘死的健兒！
魔王旗幟下的戰士！
愚昧的，
良懦的，
我要哭你，
我還要哭你！
雖哭你却又慶祝自己；
你不該隸在魔王的旗幟下，
他是進化道上的荆棘，

人類的公敵，
革命的標的，
因此，你們的冤抑，
即是我們的欣喜，
這告訴我們一個消息！
魔王也沒有不死的威力，
黑暗的失敗，即是光明的勝利；
因此，你們雖尸骨山積，
也换不到同情悼惜，
你們這不幸的遭際，
更使我沉澈地悲泣！
沉澈地悲泣，
也不能將你們救起！
我遥向那中原的屠場引吭高呼，
想唤起那已死的億萬無辜；
起來，想此時你們定已徹底瞭悟，
請認你們的敵人希圖報復，
將你們的槍口反向凶狠的屠夫
那魔王，那你們生前的恩主；
不成，也啓迪，默示那些未死的走卒，
讓他們將你做不到的事業做出
我這樣祝了，
我再不哭了，
軍閥旗幟下的死者喲，
人類將由你們而受福了！

二，九，一九二七，於莫斯科

（原載 1927 年 3 月 26 日廣州《國民新聞》副刊《新時代》）

克魯泡特金墓上

這兒是一坯平常的塵土，
碧草吐露它平常的芬芳，
木棉花在陽光裏游泳，徜徉，
一切都不過平常的平常。

説地下掩藏着一具枯骨，
也許那枯骨早已朽腐，
它會傳出人類解放的消息，
它是一個偉大而仁慈的教主。

它又曾是一個音樂的天才，
譜出那温和的，人道的音籟，
那多麽凄惋，纏綿，悱惻堪哀，
聽，餘音響徹了人間的世界。

它是人類最高理想的結晶，
它是一個不可撲滅的光焰，
它驚起了深夜沉静的靈魂，
它要打破一切神道的莊嚴。

而今，這墓園是極目荒凉，
衹剩這一坯平常的塵土，
讓枯骨在地下腐朽，湮滅，

它不再是偉大而仁慈的教主。

　我在此痛聲一哭，我説：
我昔日也是你忠實的臣民，
　我曾想在地上造一座自由樂園，
想在人間辟一條光明的途徑。

　憶當年故國翹首西望，
想一親你老來倔强的顔色，
　我想像你的襟懷如何磊落，
你的鬚髮又霜華般皓白。

　有幾次夢中瞧見了你，
却不是我想象的倔强老人，
你是嬌美的兒童，活潑，天真，
手握着人類未來的運命。

　是幾時聽見你下世的噩耗，
我震驚得幾乎不曾昏倒，
　我不是怕什麽大地陸沉，
衹恨此後永不能拜見你老！

　此日我展拜你墓表遺行，
可曾慰我懷慕的私衷？
　看，這墓上的宿草蒙茸，
徒增我晚來孤客的淒痛！

　我訴盡了多年遥遠的眷懷，

趁此再一抒此際的怨懟，
　你給我的衹是苦痛，傷悲，
你將我童真的夢境搗碎！

　你喚起我自沉酣的睡夢，
要我在漆黑的深夜摸索，
　四圍是惡鬼咆哮，冤魂的悲鳴，
使我這弱小的心膽碎落！

　你又在深夜裏燃起一盞明燈，
示給我這所謂人間的情景，
　我不但親聆了殘酷的冤聲，
又目睹一切鬼魔的凶形！

　而今我在此希圖報復，
這地下是你腐朽的遺軀，
　我要招回你已逝的幽靈，來，
來鑒賞你自個兒的枯骨！

　我在你墓上指天爲誓，
從此永不幻想人類光明，
　這是最後來你墓前省親，
我不再是忠實的臣民！

　但此情更使我中心凄迷，
臨行時倍覺無限依依，
　望晴空發一聲深長的嘆息，
將離意付與那緑陰鴉啼。

我好似一個瀕將遠行的家奴，
拜别他深仁厚澤的故主：
一面難捨那多年的恩誼，
一面又有前途茫茫的愁苦！

我又似一個已醮的年青女人，
無意中重逢她舊時心戀：
回想起昔日的纏綿繾綣，
禁不住點點泪花灑落人前！

更不諱我是個無耻的叛徒，
深悔了偉大而仁慈的教主，
我不求你赦免我的愆尤，
祇輕撫着心創自訴哀苦！

别了，夕陽下我仍再四低徊，
俯視着這平常的塵土一坯，
熱泪穿不透嚴封的地底，
木棉花在晚風裏舞踏，紛飛！

十六年五月於莫斯科

（原載 1931 年 10 月 1 日《蘇俄評論》創刊號）

摔掉一杆槍

夢幻似的端着一杆槍
腦殼偏倚在槍托上
睁着右眼向前面望
　　望過表尺，望過了準心
　　望到準心對着的人

準心對着的是一個人
一個衣衫襤褸的敵兵
此時他活着——還有他的生命
　　但是我扳着扳機第一動
　　第二動，祇要一秒，不，半秒鐘

記着，至多還祇要半秒鐘
“拍”！一星微火在我眼前一紅
我的射擊術擔得：他魂返仙宫
　　時間是這樣迅速倉忙
　　我不能，也不容我思量

時間决不容我思量
此際會關係别人存亡
有人的生命懸在我的手掌
　　“拍”！子彈出去，我退掉彈殼
　　馬上裝好，再瞄上别個

我賞識了這個又光顧那個
這次第一切都已忘却
我不知道，我没有思索——
　　他們身上曾匯聚許多心血
　　有歷史，時代與環境的手澤

這是我的功勞恩澤：
他們有各各的個性，命運，一切
不客氣，我給他們一齊毀滅
　　任你曾有過戀與願與恩怨
　　而今請你到地下長眠

讓他們都到地下安眠
再不受人世的欺侮與磨難
我決不後悔，也不哀憐——
　　留着幹嗎，遲早是犧牲？
　　我不打死你，也定遇着别人

何必將你留給别人
我不正惱怒你的愚蠢
打死你，看你再來當兵
　　有時也想給你個消息：快跑
　　但此刻總已來不及了

你就想跑也來不及了
即使有許多事業候你創造
你的妻兒望你歸家擁抱

　　不，想你得意定是人間鬼魔
　　失意時，也祇忍受别人宰割

無論是宰割人或受人宰割
總之顯示你是愚昧庸懦
去你的，這世界用不着你生活
　　可笑的人們，此時多已斃侖
　　殘留的，也不知我正向他瞄準

誰能察覺别人正向自己瞄準
也許我的頭顱恰對敵人準心
想到這裏，我打了一個寒噤
　　立起身向四下裏一望
　　“走”！夢幻似的摔掉我的槍

四〇，八，一六，於俄國之普希金區

（原載1927年6月5日《北新》第1卷第36期）

你不該拿走我的腿

我瘋了，我瘋了！
我的心，我的心爛了，
我的泪，我的泪乾了，
好像我的愛給人帶走了，
再不能與她相見了，
我過不慣了，我過不慣了！

我的心，不是今天纔爛，
我的泪也不是今天纔乾，
可是今天，爲什麽要有今天？
唉，這樣一個發現，
更使我難堪——
我的腿子呢？我的腿子呢！
我恨不得把我的床搥穿，
搥穿搥穿搥穿喲，搥穿！

平常，腿子放在我的床邊，
今天醒來，摸，没有；尋，不見！
　　是誰拿走我的腿了！
　　這真活見到鬼了！
　　我嚎，我的心碎了，
　　可是，却没有一滴兒泪了！

我面前一個穿白衣的女人，
像她媽的一個妖精，
吐露她唱小旦似的聲音，
她說：“醫生……腿子，……衛生……
　因此——”
　　因此，你們就拿去摔了，
　　因此，嚇，就拿去埋了，
　　你們，你們真也太痛快了！

没有老子們在前方拼命，
張宗昌要來操死你這個臭女人，
共産黨會把你的醫院燒個乾净，
你們還開口衛生，閉口也是衛生，
這些鬼話，用不着講給當兵的人聽！
也許我的腿子真會生蛆，
因爲它老早就有一點兒臭。
但即使皮與肉都爛完了，
總還能剩得下一節兒骨頭！
它是我身上的骨與血與肉，
它給我走了二十幾年路，
現在我到了殘廢的時候，
它馬上就要腐朽，
就是想丢，你想，又怎能丢！

一想到再不能看見我的腿，
用什麽話能表出我中心的傷悲？
恨不得把全世界一齊打成粉碎，
我的拳頭不住在床頭騰騰地搥！

我怎樣折斷了我的腿的呢？
老實説，我一點兒也不知道。
那天，我聽見我們的衝鋒號，
“衝鋒”！
我領帶士兵們向前面跑，
頭上飛舞着彈雹！
“殺！殺！殺！”
我聽見别人這樣叫，我們這樣叫；
訇同！訇同！訇同！
我聽見敵人的炮和着我們的炮；
博博博博怕，
機關槍聯珠似地射掃！

一個炮彈落在我的前面，
前面的人倒了！
一個炮彈落在我的左邊，
左邊的人倒了！
一個炮彈落在我的右邊，
右邊的人倒了！
　　鮮血流成行了，
　　小肢體們在空中舞蹈，
　　有人在掙扎，
　　有人在呻吟，
　　有人在哀嚎！

　　我不能前進，
　　前面是尸體縱横；

我不能後退，
後面也全是死人；
左與右，都一樣，
彈火密得像麻林！
　　我擇好了地形，
　　匍匐，前面是一座大墳；
　　訇！一炮，全給掀起，
　　棺木板在灰土裏飛騰；
　　我衹得在這地面上滾，滾！

我的腦子有些昏，
好像看見我的母親；
訇同！
啊啊，母親的迷影，
給打成了齏粉！
一霎時，又想到我的女人，
訇同，訇同！
摧毀，無存！
哦，一對眼睛，
我孩子的黑眼，晶瑩，
訇同，訇同，訇同！
唉唉，可恨的炮聲，
你是這樣的無情，無情！

我後悔我來當兵——
我幹嗎要來殺人——
訇同！
我的生命——

我的家庭——
事業，前程——
訇同！訇同！
這無情的，無情的炮聲，
震痛了，震痛了我的腦筋！
我詛咒戰争，
痛恨這殘酷的行徑——
訇同！訇同！訇同！
我想跑，
我想逃——
訇同！訇同！訇同！
無情的炮聲，
地塌，天崩，
轟碎了我的靈魂，
志願，想像，
天喲，它不讓你暫停！

陡起的眼前一陣子黑，
渾身一掣，
好像全脱了節；
又像在雲端裏飄飖，
遠了，遠了，一切，一切
　　訇同訇同的炮聲，
　　在耳邊迷糊，低沉，
　　什麽我也辨不分明！

醒來時，就躺在這醫院之内，
忘記了，忘記了在戰場上所受的罪；

枕邊，油紙包的是什麼東西？
啊，原來是一雙血淋淋的死人的腿！
是誰？
見鬼！

忽然腿部感覺一陣劇痛，
一摸，一動，
哎呀，這被内幹嗎這樣空？
知道了，知道了，
可不是我的腿子已經折斷，無用！
心酸，泪衹涌，
好像正做着一個可怕的夢；
天喲，天喲——
我呆望着那油紙包裹的殘紅！
我發現勤務兵在伺候着我，
像想説話，又説不出什麼。
我説，“你幹嗎，這個笨傢伙！”
他説，“排長，你暈過去，已經兩天多，
今天，醫生纔給你開刀，動手割，
割斷了這隻脚！
喂，别動，剛纔纔敷好了藥！

“醫生説，骨已斷了，
肉已爛了，
不開刀，更難辦了！
　　他們將它摔掉，
　　是我給你撿起，包好，
　　雖然是没有用處，

　　也得候你醒來瞧瞧。”
我捧着我的斷腿痛哭，
　　我搥着我的病床高呼：
　　戰争，戰争，戰争，
這是你，是你給我的施予，
你這凶殘的，可怕的怪物！

我是一個殘廢的人了，
我是一個殘廢的人了，
再不能站，不能走，不能跑！
　　我的事業——
　　我的前途——
　　家庭——一切——
　　一想起，真難受！
　　我哭，我悔，我詛咒，
　　可是怎樣也不能得救！

一天撫摸我的腿，
恐怕有一千遍，一萬遍，
幾次親偎着我的臉，
幾次又送到我的唇邊，
這是我一個慘痛的紀念，
它的滋味比女人的紅唇還要甜！

往天，腿子放在我的枕邊，
今早醒來，摸，没有；尋，不見；
　　一個穿白衣的女人，
　　還開口衛生，閉口衛生。

　　啊啊，她們拿去摔了！
　　唉唉，她們拿去埋了！

一想起再不能看見我的腿，
用什麽話表出我中心的傷悲，
恨不得把全世界一齊打成粉碎，
拳頭在床頭不住騰騰地搥！

第十九次雙十節脱稿

（原載 1930 年 11 月 15 日南京《文藝月刊》第 1 卷第 4 號）

自　拷

一、你怯懦的

你怯懦得不敢殺人，
　　你怯懦得不敢造反，
你肩上的鐵枷千斤，
脚下的鐐鎖丁丁，
　　除開——可是怯懦的你又不敢！

你衹會拿起一枝秃筆咿唔，
衹是寫，衹是寫，寫些鬼不懂的詞句：
　　“恃受，互助，人道與自由，
維持秩序，維持秩序……”
　　這是你的拿手，
　　好像鬼扳起了你的口！

你可知道你的祖與你的父，
　　在枷鎖下流盡了生命的汗；
你家的女人，姑娘與媳婦，
　　披着枷鎖給别人幹；
　　你穿不到衣，又吃不飽飯，
　　衹是唉聲嘆氣與埋怨。

你也有一個偉大的抱負，
就是無緣無故地暴富！

你艷羡人家的如花美眷，
你艷羡别人的阡陌連綿，
　　你艷羡高官，艷羡厚禄，
　　一切一切，你都羡慕。
可是你不肯幹，你不敢幹，
　　縱使羡慕，永久，
　　怯懦的你總弄不到手！

有時你也下過了决心，
起，起，努力，奮鬥，革命；
可是你忘不掉父母的誨訓，
可是你擺不脱師友的規箴；
你的妻兒勸誘，殷勤，
要你在這牢籠裏生存；
你又怕枉拋了性命，
毁壞了你的聲名，
你是個柔順的臣民，
現制度永在你頭上君臨！

你怯懦得不敢造反，
　　你怯懦得不敢殺人，
你不敢，你真不敢，
　　縱使肩上的鐵枷千斤，
　　脚下的鐐鎖丁丁！

二、慚愧我有狂妄的想念

我慚愧我有些狂妄的想念，
我想我是個頂天立地的男子。
要將我的努力獻給社會，人群，
人們會因爲有了我而得到無窮福祉。
可是至今我的表現却絲毫不見，
我努力的衹是在養活我自己！

我慚愧我的思想猶如一團火焰，
要將這漆黑的深夜燒成白天。
眼前的建築都是陳死人的遺規，
燒喲，燒喲，給燒成白茫茫的大地一片！
可是許多建築依舊高聳雲霄，
我呢，我却匍匐在那偉大的建築之前！

我慚愧我的心似一個殺人不眨眼的暴徒，
要割盡一切人類僞善者的頭顱。
我説，你用欺騙換取了别人辛勤的成果，
瞧，你的生命，今天可逃不脱我的毒手！
可是魔鬼們却向我哈哈大笑，
他説，你，你不過是我們最無能的俘虜！

我慚愧我的志願像一個膂力强悍的力士，
要將時代的車輪拖着向前飛跑。
我説，時代，我存在一天，你終須前進，
你要停滯喲除非我不在了！

可是，而今，我想追，也追不上時代，
你瞧，時代的奔塵早與我遠隔遥遥。

我慚愧我有這些狂妄的想念，
像是誰都在訕笑這非分的奢侈。
我不曾傷心過我的瘦骨嶙峋，
也不曾爲三天兩天就病了而嘆氣，
要是一天我不能趕掉我的慚愧，
我説，人生於我，衹是個天大的滑稽！

三、我咀嚼着我血淋淋的心

我一手抓着我的頭頂，
一手指上我的眼睛，
我大聲地喝問，
瞧，我真發了雷霆。
我説“你這個無耻的畜牲，
你看你還像不像一個人！
你是這樣健壯，年青，
應當有鐵一般志願與精神，
放一把火，放一把火，
把你在這時代的任務完成！”
我説“你啦，你怎這樣缺乏同情，
你該明白，一個人總要生存！”

前途，我知道有無限光明，
也親見别人在轉動飛快的車輪，
有人在流汗，有人流血，有人拼命，

他們向着遥遠的長途邁進。
我何嘗不想做個勇敢的人，
何嘗願在黑樣角落裏匍匐，逡巡？
無奈我衹學會了一個偉大的技能：
第一容忍，第二容忍，第三還是容忍；
而且我有個唯一的，不拔的崇信：
一切不管，先要我自己生存！

我看見魔鬼竊據了天庭，
看見真實被虚僞所并吞，
美麗的肉體，渾身都是毒菌，
僞善者會餐着血與肉的杯羹，
紅的水在全世界泛濫，奔騰，
荒淫與殘暴是這社會的特徵！
我詛咒我憤恨，
要伸出我的拳頭來鬥争；
可是我衹有一種技能：容忍；
而且我堅信，我應當生存。

我又知道一個偉大的時代終會到臨，
它用冷冰冰面孔對待人群。
它會把我抓去真理的法庭受審，
會説我是炮火猛烈時的一名逃兵，
説我曾在敵人的後方效順，
在榨取者的手中分取過餘潤。
我將找不出一句話將我自己辨清，
衹能接受那應得的羞辱與不幸！
一想起這些我便痛苦萬分，

恨不得立刻找到敵人和他厮拼。
我有一隻無形的手，把我的喉管勒緊，
它硬要我在這苦痛的現實裹生存！

慚愧我不能在時代的前面狂奔，
慚愧我不能追逐時代的後塵，
可是又禁不起這社會所給與我的憤恨，
更不能不想到那末日的不幸。
我爲了生存，
僅僅爲了生存，

挨受了精神上的一切慘刑，
咀嚼着，咀嚼着我血淋淋的良心！

（原載 1931 年 6 月 1 日《創作》月刊第 1 卷第 2 期）

有一個乞丐

有一個要飯的乞丐，
有一個討錢的乞丐；
他在馬路旁邊徘徊，
他在洋樓面前徘徊；
他高叫尊榮的太太——
他哀［求］豪華的太太，
　他說，我飢餓没有飯吃，
　他說，我寒冷没有衣！
　他說，天濕下雨没有房子住，
　他說，被裏温存又没有妻！
你尊貴的太太，
你豪奢的太太；
你一雙絲襪就要值二三十塊，
誰知你用幾錢去買一雙鞋？
十塊二十，不够你吃一頓菜，
一百兩百，不够你打一場牌。
錦衣玉食還嫌不自在，
朝歡暮樂還嫌不恩愛。
香粉滿面還嫌不白，
汽車兒風還嫌不快！
　你可知我肚中飢餓没有東西吃，
　你可知我身上寒冷没有衣，
　可知我連茅草棚也没有得住，

　可知我一生到老不曾有過妻？
你慈悲的太太，
你惻隱的太太，
可憐我乞丐，
救救我乞丐！
　多撒一次嬌，
　少搽幾瓶雪花膏，
　我吃的也有了，
　穿的也有了；
反正你的房子住不完，
讓點給我窮人又什麽相干？
　而且喲，太太，請你解除我的無妻之痛，
　怕嗎？你的老爺還不要逛逛衚衕！

1933. 10. 23.

（原載 1933 年 10 月 23 日《中華日報·十日文學》）

一隻腿[①]

我瘋了，我瘋了！
我的心，我的心爛了，
我的泪，我的泪乾了！
好像我的愛給人帶走了，
再不能與她相見了，
我過不慣了，我過不慣了！

我的心，不是今天纔爛，
我的泪也不是今天纔乾，
可是今天，爲什麼要有今天？
唉，這樣一個發現，
太使我難堪——
我的腿子呢？我的腿子呢！
我恨不得把我的床搥穿，
搥穿搥穿搥穿喲，搥穿！

平常，腿子放在我底床邊，
今天醒來，摸，没有，尋，不見！
　是誰拿走我的腿了！
　這真活見到鬼了！
　我嚎，我的心碎了，

① 編者注：本篇由《你不該拿走我的腿》改作而成。

可是，却没有一滴兒泪了！

我面前一個穿白衣的女人，
像她媽的一個妖精，
吐露她唱小旦似的聲音，
她説："醫生……腿子……衛生……
因此——"
因此，你們就拿去摔了，
因此，嚇，就拿去埋了，
你們，你們真也太痛快了！

也許我的腿子真會生蛆，
因爲它老早就有點兒臭。
但就算皮跟肉都爛完了，
總還能剩得下一節兒骨頭！
它是我身上的骨跟血跟肉，
它給我走了二十幾年路，
現在我到了殘廢的時候，
它馬上就要腐朽，
就是想丢，你想，又怎能丢！

一想到再不能看見我的腿，
用什麽話能表出我心中的傷悲？
恨不得把全世界一齊打成粉碎，
我的拳頭不住在床頭騰騰地搥！

我怎樣折斷了我的腿的呢？
老實説，我一點兒也不知道。

那天我聽見我們的衝鋒號，“衝鋒”！
我領帶士兵們向前面跑，
頭上飛舞着彈雹！
“殺！殺！殺！”
我聽見別人這樣叫我們也這樣叫；
訇同！訇同！訇同！
我聽見敵人的炮和着我們的炮；
博博博博怕，
機關槍連珠似地射掃！

一個炮彈落在我的前面，
前面的人倒了！
一個炮彈落在我的左邊，
左邊的人倒了！
一個炮彈落在我的右邊，
右邊的人倒了！
　鮮血流成行了，
　小肢體們在空中舞蹈，
　有人在掙扎，
　有人在呻吟，
　有人在哀嚎！

我不能前進，
前面是尸體縱横；
我不能後退，
後面也全是死人；
左跟右，都一樣，
彈火密得像麻林！

　我擇好了地形，
　匍匐，前面是一座大墳；
　訇！一炮，全給掀起，
　棺木板在灰土裏飛騰；
　我衹得在這地面上滾，滾！

我的腦子有些昏，
好像看見我的母親；
訇同！
啊啊，母親的迷影，
給打成了齏粉！
一霎時，又想到我的女人，
訇同，訇同！
摧毀，無存！
哦，一對眼睛，
我孩子的黑眼，晶瑩，
訇同，訇同，訇同！
唉唉，可恨的炮聲，
你是這樣的無情，無情！

我後悔我來當兵——
我憑嗎要來殺人——
訇同！
我的生命，
我的家庭，
事業，前程——
訇同，訇同！
這無情的，無情的炮聲，

震痛了，震痛了我的腦筋！
是誰在弄這可詛的玄虛，
是誰在玩這血腥的魔術？
　是官僚
　是軍閥，
　那些狗王八，
　全是一家！

他們造成了水灾，旱灾跟兵灾，
叫老子們不能在鄉下呆；
　他們又招兵買馬，
　叫老子們自相殘殺；
　連那點點子軍餉，
　還剋扣不發！
　你説你説你説喲，
　這還成個什麽話！

我現在是一個殘廢的人，
可也是一個清醒的人，
我們的官長：大帥，總司令，
叫我們死，叫我們犧牲，
他呢？
　姨太太成群，
　洋房子十幾層，
　外國銀行裏存滿了金銀！

他們還開口革命，
閉口也是革命，

革誰？
革老子們！
我們遲或早，
不是喪了生，
就是像這樣：
求生不得，求死也不能！
啊啊，我的腿子，我的腿子，
好疼，好疼！

（原載 1934 年 1 月 1 日《中華月報》第 2 卷第 1 期）

命令你們停戰

一

我們是中國的人民！
我們是中國的主人！
中國是我們的！

二

中國境内，
無論山林，
　　原野，
　　沼澤，
　　河流，
　　大陸，
　　海洋，
　　天空，
　　地底，
都不許打仗！

不許在城市打！
不許在鄉村打！
不許在内地打！

不許在邊境打！
不許在任何窮鄉，僻壤，
　　　　　山陬，野坳打！

不許中國人打！
不許外國人打！
不許中國人跟外國人打！
不許外國人跟中國人打！
不許中國人喬裝外國人打！
不許外國人喬裝中國人打！

不許用任何藉口打！

三

我們是主人，
我們没有叫你們打仗！
誰叫你們打的！

你説他先打你，
他説你先打他，
都不承認自己先打，
不是你們自己亦知道，
打仗就是罪惡麽？
爲什麽還打！

你説他進攻你
他説你進攻他，

都不承認自己進攻，
不是你們自己亦知道，
進攻就是罪惡麽？
爲什麽還進攻！

戰争是雙方的；
我們要的是停戰，
先停後停，
我們都嘉許！

不容推諉！
不容强辯！
更不容拖延日子！

你們衹管停戰，
真正的戰犯，
我們自會審判！

四

命令你們停戰！
誰遵守這命令，
誰就是我們的忠僕！
我們將承認他過去的榮名！
　　　　　　現在的勛績！
　　　　　　將來的約言！
我們將給予他，
更多的權力！

命令你們停戰！
誰不遵守這命令，
誰就是我們的叛徒，
　　　　　　罪人，
　　　　　　惡奴！
他的一切仁義道德，
　　　　花言巧語，
我們都絶不相信！
偷綉着我們的名義的旗幟！

聽見没有：
命令你們停戰！

一九四五．十一．四．

（原載 1945 年 11 月 13 日《文萃》第 6 期）

劇　本

醃狗記

（此劇取材自《晏子春秋》）

時　春秋時代某年某月某日某時。

地　齊侯偏殿。

人　（以上場先後爲序）

齊景公（景）　男。年三十許。體格魁梧，王侯衣冠。

内侍（侍）　不男不女。若老若少。錦衣。

養狗者（養）　男。年齡不詳。厮役裝。

太卜（卜）　男。年六十餘，白髮。道袍。

太巫（巫）　女。年二十許。妖艷。錦衣長裙。

晏平仲（晏）　男。年五十以内。身體瘦矮，背微駝，朝服端笏。

齊景公面略向右，坐紅軟墊上。其前一步許，置一長方矮幾。幾上略置公文筆硯，茶碗供物之類。其右側最遠處爲一大窗，窗外花木亭臺隱約可見。其後最遠處爲一大屏風。臺右爲殿門。

内侍跪坐景公右前方約三步許。其次出場人物位置，均在景公正面前，晏平仲距景公最近，以在舞臺正中爲準，太巫太卜次之，養狗者最遠。餘人均跪。惟晏立。

按古制，以席地，設矮几爲宜，但此非正規歷史劇，爲舞臺條件，改用桌椅亦可，但景公坐椅上，則内侍宜侍立，餘人仍舊。

景　（批閱文件，旋擱置）一天到晚，不是這事就是那事，累死人了。可又一件有趣的，好玩的事也没有！哦哦（向侍）叫你替俺找個好娘們，幹啥這麽久還不見回信？

侍 （躬身）啓奏主公：奴才自從奉了主公旨意。立刻派人到全國各地，用心探訪，現在已經找到一位美人，此人年紀不過十八九歲。艷如桃李，香比，香比，香比牡丹，有沉魚落雁之容，閉月羞花之貌。真乃天下第一，古今無雙，好一個美人也！

景 何不早說！這美人現在哪裏？

養 （急上）手中提一隻死狗。（跪）奴才見駕。

景 幹啥？

侍 養狗的上殿有何本奏？

養 一匹狗死了。

景 俺道有啥大事！連死一匹狗也要來麻煩俺！

養 （獻死狗）是這匹頂好的花都頭。

景 哦哦，是花都頭？這倒是匹好狗。咱們國裏還找不出這樣一匹好狗咧。（向侍）你可記得它是在哪裏出生的？

侍 奴才安有不記得之理。曾記當年楚王有一好狗，名曰花拉拉，名聞天下。主公有意一見此狗，特派大臣往楚國聘問，請楚王將此狗贈與主公。當時楚王言道：須用齊國絶色女子三名交换。主公乃選後宫佳人三名，送往楚國。楚王一見，心中大喜。命將此狗用金車玉輦，送與主公。從此，此狗乃歸主公所有矣。

養 奴才就是那時候跟花都頭來的。

景 （對養）誰跟你講話！（對侍）你的記性真好。還記俺那時候怎樣寵愛它麼？

侍 安有不記得之理。主公當時傳旨：用黄金爲鏈，錦被做窠，每日賜飲牛奶三升，黄酒八兩，牛肉五斤，白飯一鬥。後宫嬪妃，親飼飲食；錦衣侍衛，料理起居。封爲花都頭，位在群狗之上，好不光輝人也！

景 好了好了！你應該説好不光輝狗也。一天到晚咬文嚼字，總有時候會説錯的，再這樣文縐縐酸溜溜的，俺就叫你到啥個部裏去當秘書，天天哼你的四六八股吧。

侍　奴才不敢。

景　再説這花都頭有啥好處?

侍　此狗伶俐蓋世，聰明絶頂。打獵則勇敢冠三軍，送信又飛快如駟馬。

景　住口，還是這一套，誰要你説！不過，這狗的確不比尋常，除了不會説人話，啥都比人還靈活。俺要它咬誰，它就咬誰。有時候没有吩咐，它自己咬人，總是咬的俺討厭的傢伙，一點兒也没有錯。

侍　可惜今日不幸短命死矣。

景　死了也就罷了。養狗的!

養　着!

景　提到厨房去，叫厨房替俺蒸來吃。

養　着!(提死狗下。)

景　俺好久没吃狗肉了。你喜歡吃狗肉吧?

侍　美哉狗肉之味也，誰能不喜歡乎?

景　狗真是好東西，活着的時候好玩，死了又好吃。俺就没有别的嗜好，除了狗和女人。哦哦，你説的那美人兒在啥地方?

侍　就在朝中充當太巫之職。

景　你説的那過陰的麽?那不是個老太婆麽?你拿俺開玩笑麽，小心你的腦袋瓜兒。

侍　奴才不敢。主公有所不知。那老太婆太巫染病在床，不能供職。恰好美人到此，等候進見主公，一時還没有機會。暫在太巫家裏，代理太巫職務。

景　她也是個過陰的麽?過陰的可没有一個好傢伙，不是婊子，就是婊子養的。

侍　非也。她乃良家幼女也。

景　趕快叫她進來，趕快……

侍　啓奏主公：常言道，師出無名，事故不成。又道，名不正則言不順，言不順則事不成，宣她進宫，要借個啥冠冕堂皇之名義方好。

景　爲啥?

侍　後宫吵鬧雖不足怕，咱相國乃是正人君子，心直口快，主公常常畏懼三分。他聞知此事，豈不上殿嚕蘇乎哉！

景　着着！有啥好名義呢？

侍　奴才蠢笨，不曾想出。

景　這這……

内面的聲音　汪汪……

景　（驚愕）啥？

侍　像是狗叫。（隨説隨起立，連忙跑到窗前把頭伸到窗外。）主公！不好！許多匹狗向這裏跑來了！

景　怎麽，你也有不咬文嚼字的時候？

侍　它們亂跑亂叫，像瘋了似的。

景　瘋了，這還了得？（站起）趕快關緊窗户，别叫跳過來了！

侍　着！（關窗。）

景　守衛的，把門守好，小心瘋狗闖進來了！

殿外的聲音　着！

侍　看樣子，通御花園的門是關着的。要是不，它們早就跑進殿來了。

内面的聲音　汪汪……（聲更近，隔窗紗，隱約可見幾匹狗人立撲窗的影子。）

景　（向窗）幹啥？去！

侍　（向窗揚手）幹啥？去！

内面的聲音　汪汪汪……

景　你奶奶的，滚開！

侍　滚開，你奶奶的！

内面的聲音　（甚烈）汪汪汪……

景　（揚手，焦急）連俺這裏也來囉皂，簡直反了！你奶奶的，簡直反了！

侍　簡直反了！（向景）不要緊，主公，它們進不來的。

内面的聲音　汪汪汪……

景　（向殿外）養狗的，狗娘養的！上哪兒去了？還不趕快給俺滾來！

養　（内）着着！

内面的聲音　汪汪汪……

侍　狗娘養的養狗的上哪兒去了？

養　（上）着！（跪）主公喚奴才有何……

内面的聲音　汪汪……

景　還不替俺把狗趕開！

養　着！（即起，向窗走去，揚手，操湖南土白）克（去）克！阿哈！各（這）裏是殿上！嗚呼！狗娘養的！各裏是主公，噫嘻！

景　（顧侍）他説的什麼？

侍　楚國土話。

養　（略開窗，伸手窗外，拍人立的狗們的頭）鵝（何）事搞的，牙利！莫驚動主公。呃嘿！你們有麼子事，慢慢對我港（講），我跟你們啓奏主公。主公不懂得你們的話。是不是？主公要是港你們胡鬧，發起脾氣來，那可不是好玩的。哦火！克克！我搞一頓很好的夜飯。把你們恰（吃）。哦，真乖。嗚呼……

内吃的聲音　汪汪……（漸遠漸無。）

景　嚇壞俺了！（復坐，喘氣，揮汗）嚇壞俺了：（指養）呸！狗娘養的，爲啥讓那些狗來嚇唬俺？

侍　（復跪坐如原狀向養）着！胡爲乎使群狗嚇唬主公乎？

養　（復位。跪，叩頭如搗蒜）啓奏主公，奴才該死，奴才不敢。奴才領了主公旨意，提花都頭到御厨房去，没有照料得好，那些畜牲就出來冒犯主公。是奴才不小心，奴才該死。

景　你平常一點也不留心，那些狗都瘋了！

侍　着！平日管教無方，縱狗欺主，該當何罪？

養　啓奏主公：它們并没有瘋，剛纔還好好的。奴才向來管教它們，都是十分盡心。提花都頭到御厨房去的時候，還提着死狗對它們説：瞧，花都頭是一匹好狗，所以主公特别寵愛它。它死了，主公還叫御厨房弄好了，裝進主公的御肚子裏去。你們也要學它做一匹好狗，趕明兒死了，也好裝進主公的御肚子裏去。

景 幹啥它們還要囉皂呢？難道裝進俺肚子裏去還不高興麼？

侍 着！主公之御肚子，豈非最佳之埋狗處乎？

養 那那，奴才罪該萬死，奴才不知道。奴才真正真不知道。那些狗，向來極其老實，極其安分，怎麽説就怎麽好，無論怎樣都不哼氣的。

景 可是剛纔囉皂俺了！

侍 却又來！今天已囉皂主公矣！

養 奴才想，這中間恐怕有啥蹊蹺。

景 有啥蹊蹺？

養 奴才不知道。

景 （向侍）有啥蹊蹺麽？

侍 這這，奴才也不知道。此當問那有學問，通狗道之人。

景 誰通狗道？

侍 奴才想，相國乃是最有學問之人，必精通狗道無疑也。

景 胡説，相國是可以隨便驚動的麽？

侍 奴才不敢。

景 還有誰通狗道？

侍 次焉者，次焉者，其爲太卜乎？

景 那麽，叫那卜卦的來！

侍 （對景做鬼臉）啓奏主公：趁此機會，宣太巫同時進殿，不知可否？那太巫，就是那太巫！恐怕其中蹊蹺有太卜所不能完全知道者焉。

景 （會意）着着！叫那過陰的也來，叫那過陰的也來吧！

侍 着！（向殿外）主公有旨，宣太卜太巫進殿！

殿外的聲音 着！（太卜太巫同上。）

卜 （跪）微臣見駕。

巫 （作嬌羞態，行禮跪）微臣見駕。

景 （望巫作驚喜狀，旋向侍點頭，好像説："果然不錯！"又向巫）你是過陰的？

巫　（躬身）微臣是太巫。

景　俺不曾見過你。

巫　微臣衹供職了四五天。

卜　主公宣微臣們進殿，有啥差遣？

景　（未聽見，仍向巫）你是哪兒的人？

巫　微臣是京城外邊不遠的鄉下人。

卜　主公宣微臣們進殿，有啥吩咐？

景　（同前）你姓啥叫啥？多大年紀？家裏有些啥人？啥時候學會過陰的？

侍　主公！（向景做鬼臉，搖手，好像説，“話太多了，别人聽見不便”）太卜正在等候主公旨意。

景　（領悟）哦哦，卜卦的，過陰的，俺來問你……

巫　微臣姓吴，名叫非非，今年二九一十八歲。

景　俺的狗爲啥囉皂俺？把俺嚇壞了。

卜巫　（不解所謂，面面相覷）這這……

侍　有狗一群，在窗之外，狂吠狂奔，形同瘋癲。若非早爲關窗之計，未有不跳進窗來者也。

養　那些狗向來都很老實，很安分。并且靈活極了，除了不會説人話，人的隨便什麼它們都懂得，向來不咬自己人，更不敢囉皂主公。小的提死狗到御厨房去的時候……

卜　死狗？且慢，你説的啥死狗？

養　哦哦，就是那匹花都頭。

巫　啥花都頭？

養　是一匹頂好的狗。

景　俺用三個美女向楚國换來的。

侍　此狗聰明絶頂，伶俐蓋世，行獵則勇敢冠三軍……

景　少説廢話！

侍　着！

養　它今天突然死了。主公命令小的提到御厨房去蒸給主公吃。御厨房門口，就是喂狗的地方。小的碰見那些狗，小的就對它們説，小的向來對於狗的教養是很盡心的，小的就對它們説：花都頭是一匹好狗，所以主公特别寵愛它；它死了，主公還要把它裝進主公的御肚子裏去。你們都要做好狗，趕明兒死了，也好裝進主公的御肚子裏去。

景　可是他們囉皂俺，險些把俺嚇壞了。這是啥講究？卜卜卦看，過過陰看。

巫　哦哦！（若有所悟）待微臣請請神看。

卜　這點小事，不必過於驚動鬼神，衹消微臣起個卦就行了。

巫　要請神纔好，要請神纔好。（起舞，口中念念有詞）一請東方甲乙木，二請南方丙丁火……

景　（眼隨巫舞而移動）哦哦！（目侍）你瞧！

侍　（做鬼臉）美哉舞也！

卜　起個卦就行了，起個卦就行了。（從袖中取出龜殻，俯身地上，口中也念念有詞）天靈靈，地靈靈，祝告虚空過往神……

巫　（續舞，隨向景作媚態）三請西方庚辛金……

卜　啓奏主公，卦詞出來了。

景　（正瞅着太巫出神）唔唔？

巫　（向景笑）四請北方壬癸水……

卜　（從衣袋取眼鏡帶上，審視卦詞）卦詞是四句話，四個字一句……

景　（心不在焉）啥話？

巫　（近景側，以手招景，做媚態）：五請中方戊己土……

卜　（細看）四句話是：“這個物、喪、其、類，兔、死、狐、悲，這個這個，死犬、就食，這個，生犬自危。”

巫　（停舞，不語，作有所領悟狀，旋呆立。）

景　啥話？一點兒也不懂？

卜　“物傷其類，兔死狐悲……”

景　不對不對，俺問的是狗，與兔跟狐啥相干?

侍　啓奏主公，此乃一段比喻也。

卜　下面是“死犬就食”，這是説死狗要給吃掉；“生犬自危”，活狗看見了，怕也吃掉自己，替自己擔心，所以……

景　這還了得，連狗都管起俺的事來了！養狗的！

養　着！

景　把那些瘋狗都宰了！

養　着着！

景　且慢，它們怎麽知道俺要吃掉死狗呢?

養　啓奏主公：奴才提死狗到御厨房去的時候，它們都看見過的。奴才還對它們説，死狗要裝進主公的御肚子裏去，勸它們做好狗，趕明兒也可裝進主公的御肚子裏去。

景　糊塗，混賬，誰叫你説的！來人！

殿外的聲音　着！

景　把他拖去宰了！

殿外的聲音　着！

侍　主公息怒，且候太卜解完卦詞再宰可也。

景　（向殿外）等等再説。

殿外的聲音　着！

養　（叩頭）謝主公緩殺之恩！

景　（向卜）還有啥意思呢?

卜　依微臣看來……

巫　（忽大叫）我乃……

景　（驚）啥?

侍　來也！來也！

巫　我乃太白金星是也……

侍　啊啊！不得了，不得了，太白金星下降矣！

卜　（作鄙夷狀，目瞪）活見鬼！

巫　（指景）下界的人君聽着！

侍　着！（對景做手勢）主公説“着！”

景　（看得出神）着！着！

巫　（媚笑，舞走）你的狗不是咬你，也不是囉皂你……

侍　着！（向景示意。）

景　（出神）着！

卜　（摇頭，目瞪）活見鬼！

巫　（向景躬身拱手）是向你講話，求情。

侍　着！

景　（出神）着。

巫　（指景，掩口笑）請你不要吃掉它們的夥伴的尸首。

侍　着！

景　着！

卜　（驚異，旁白）這鬼婆子怎麽也曉得！

巫　那死狗是一匹好狗，它活着的時候，是很忠實的，伶俐的。（作擁抱親昵狀，旋舞走。）

侍　着！

景　着！

巫　把它埋了吧！當做一個人樣地埋了吧！

侍　着！

景　着！

巫　埋了之後，國泰民安，逢凶化吉。（作飛走狀）吾神去也！（呆立。）

侍　（躬身）恭送尊神！

景　（同）恭送尊神！

卜　着着！照微臣看來，太白金星的話正和卦詞的意思一樣，不差分毫。

巫　（欠身）唉唉，累極了。（顧侍）剛纔有啥神道來過麽？

侍　有……

巫　誰？

景　有有！太白金星來過。

巫　（媚笑）太白金星來過？微臣一點兒也不知道！（向侍）太白金星説了些啥話？

侍　他説……

景　他説那些狗是向俺求情，叫俺不要吃掉那匹死狗。他説俺如果把那匹死狗當作人樣埋了，以後國泰民安，喜事重重！

卜　微臣告退！（行禮下。）

巫　微臣告退！（行禮待下。）

景　過陰的，等會兒後宫裹還要請神，你不可走遠了！

巫　着！（下。中途回首向景送秋波。）

景　呆在這兒幹啥？還不趕快去把死狗提來！等會兒都蒸熟了！

養　着着！（下。）

景　（向侍）這個娘們真標緻，真聰明。你瞅出了没有？她簡直不會過陰，不會請神。她做的、説的都是假的！

侍　她敢於欺瞞主公乎？

景　這算啥呢？她本來不是幹這玩意兒的。

侍　她所説群狗之情，豈不是像真通狗道者乎？

景　所以説她聰明。她衹聽見那卜卦的説了幾句話，馬上就懂得那些狗的心理，馬上想出了許多話。她做得多麽像，説得多麽好，舞得多麽動人，笑得多麽叫人心癢！真是了不得！

侍　然則主公將如何辦理乎？

景　俺以後要天天請神，天天叫她進來。

侍　非也。奴才所問者，乃對死狗之辦法也。

景　自然是照那娘們説的辦囉。本來俺就喜歡花都頭，要不是好久没有吃狗肉，俺怎忍心把它吃掉？現在娘們又這麽説了，她怎麽説就怎麽好，還有啥還價的呢？俺要埋它，要用埋大夫的禮節埋它。你説好麽？

侍　妙哉妙哉！天下之人將無不知道齊國之狗之闊氣矣。天下之狗，將無不羡慕齊國之狗之闊氣矣。

景　你叫下面準備。

侍　着！（向殿外）下面聽者：主公有旨，按照大夫官階埋葬故狗大夫花都頭。爾等須迅速準備衣衾棺槨全套，禮節儀仗全副，選地治喪，尊禮成服，擇日開吊，下殯，不得違誤！

殿外的聲音　着！

養　（提死狗上，行禮）啓奏主公：故狗花都頭的遺體提到。

景　没有弄壞麽？

養　没有。

景　放在一邊。

殿外的聲音　相國請見。

景　（整衣、危坐，向侍低聲）叫他進來！

侍　宣相國進殿。（旋整衣，跪立，俯首。）

景　且住，（向養）趕快把死狗提走！

養　着！（提死狗下，遇晏上，晏略注視死狗。）

晏　（進至幾前，躬身拱笏）臣晏嬰見駕。

景　（點頭）相國來了？

晏　恭喜主公，賀喜主公！

景　有啥可喜的呢？（誤會，忸怩，申辯）那過陰的，那過陰的……俺不過……

晏　（似未聽見）主公不是常常抱怨太忙太累了麽？

景　没有，没有，不過有時隨便説説。

晏　有成百成千的臣子，成千成萬的老百姓，這樣大的一個國家拖在身上，那也真是累人的。

景　不！不！啥事都是相國替俺做了，俺倒很清閑自在的。

晏　主公在以後還要百倍的清閑自在。

景　那是啥講究？

晏　主公不是要用大夫禮節埋一匹死狗麼？

景　（忸怩）那那，俺俺，那狗是很很好的。

晏　這麼一來，以後就没有一點國家的事情會麻煩主公了。

景　那是啥講究？俺，俺可不明白。

晏　這不是清清楚楚，擺在面前的麼？把狗當做大夫，反過來説，就是把大夫當做狗。主公把大夫當做狗，主公的臣子，衹要是稍知廉耻的，誰肯還在主公駕前做官呢？

景　會這樣麼？會這樣麼？這這……

晏　主公從來不會把一個老百姓當做大夫，現在却把一匹狗當做大夫；老百姓看見主公看一匹狗比成千成萬的老百姓還重，看老百姓比一匹狗還不如，誰肯心服情願，完糧納税，吃糧當兵，做主公的老百姓呢？

景　哦哦，俺明白了，相國，俺明白了！

晏　各國的人看見齊國把狗當人，以爲齊國人人是狗；看見齊國把人當狗，以爲把外國人也當狗，誰還看得起咱們齊國，誰還願意和齊國來往呢？再没有齊桓公、晋文公那樣，想收買人心，做諸侯的霸主的人，倒也無事；如果有那樣人，他要討伐的，首先就會是咱們齊國。咱們這以狗壓人，人不如狗的齊國！

景　對對，相國説的對，俺都明白了。

晏　諸侯要伐討主公，主公的臣子不願意做主公的官；老百姓不願意做主公的老百姓；那麼，就是齊國最小的事情，以後也會累不着主公的。

景　（向殿外）養狗的，養狗的，來來！狗娘養的養狗的，還不快來！

侍　（同）養狗的！養狗的！

養　（内）着，着！（提死狗上）着！（跪。）

景　還把死狗提起幹啥？趕快送到厨房去！

養　着！（待下。）

景　站住！俺現在也不想吃，叫厨房替俺醃起來吧！

養 着！（待下。）

内面的聲音 汪汪……

景 站住！把那些瘋狗好好地鎖起，關住！

養 着！

晏 有道明君！

（幕）

一九四一，九，二四，桂林

范蠡與西施

（擬　劇）

時　待考。

地　姑蘇臺上的一間秘室。

人　一男一女。

景　無。

臺上一片暗黑。幕不知何時開。

觀衆絶對看不出任何景色，但聽見遠處有笙歌聲和男女嬉笑聲，但也很低微，近處是一男一女的交談，男爲范蠡，女爲西施，本爲夫婦或未婚夫婦。今則男爲越國大臣，女爲吴王寵妃。

西　誰？

范　唉唉，還不來。天都快亮了，或者已經亮了，我仿佛聽見百靈鳥在樹枝上叫，多美的聲音啊！

西　誰？誰在這兒説話？

范　這姑蘇臺真是好地方，到處都是鳥語花香，連這黑屋裏也是香噴噴的。

西　你麽，少伯？

范　可不，等候好久了。

西　哦哦，你在哪裏？你的手呢？你的臉呢？讓我摸摸看。少伯，你好像老了很多。

范　没有的事，我想我年輕了很多，不過，不管這些；這間房子很好，我進來一點阻擋也没有，人不知，鬼不覺。我的計劃不錯吧？從前要碰一回頭，多困難！

西　那老家伙真糊塗，我要造這個姑蘇臺，他就造；我説叫誰來造，他就讓誰來造，一點也不疑心。

范　那還説，我們男人，永遠是聰明的，除了碰見女人的時候，自然，也要看那女人怎樣。

西　有一個人是例外。

范　總不會是我。

西　還有第二個麽?

范　親愛的，請你公平點，就是現在，跑幾千里路，冒着生命的危險，爲的挨近你一下，爲的和你談幾句話，連看一眼都不能夠。

西　算了算了，少假氣點吧。世界上有兩種人最没有真感情。一種是政治家，另一種是市儈。你剛剛又是政治家，又是市儈。

范　駡得好，駡得好，可是我却是個最有真感情的人。

西　你？你好意思説？你爲了你的政治活動，爲了你的商業，把你的愛人，你的妻子，獻給别人；讓她去陪伴一個老傢伙!

范　那是因爲除了這樣，再没有方法可以恢復我們國家的地位，打倒我們國家的敵人。報仇，雪耻!

西　不如説，偌大一個越國，再没有别的女孩子了。

范　是的，再没有美麗的、靈巧的、妖媚的女孩子，再没有這樣有國家觀念的女孩子，再没有這樣愛我，這樣肯聽我的話的女孩子，再没有懷着驚天動地，旋乾轉坤的大志嚮的女孩子，再没有……

西　少説廢話，你這回來，有什麽事情?

范　首先，代表敝國國王問候大吴國大王的康健。

西　表面上還好，可是實際却衰老了許多，恐怕活不久了。

范　怎麽？真的麽？這可不行。夷光，我把他交給你，你要好好調養他，不可叫他太疲倦。至少還要活十五年。如果十五年之内死了，我們的計劃就全盤慘敗了。

西　天，還有十五年。再過十五年，我三十歲了，你也變成老頭了。人生一世，也就算完了。都是你的好計策，斷送了你我的一生。你自然不在乎，可害死我了。

范　不，那時候我們還都不老，我衹剛過四十歲。那時候，我們一定發了一筆大財，什麽官也不做了，找一個山清水秀的地方去住家，下半生夠我們享福的咧。而且，也許不要十五年，如果我們努力，工作都順手。哦哦，我還要問候伍相國和太宰的健康。

西　伍子胥也老了，有點嚕蘇，好管閑事。老傢伙好像不大喜歡他。

范　那很好。你要常常表示不願意見他，也要真地不見。他是精明角色，常見你，會看出破綻來的。大王看見你不願見他，就會格外討厭他。他越嚕蘇越管閑事越好，要故意把些小事讓他知道了好嚕蘇。他是外國人，人都有點排外心理，一嚕蘇就會使這心理擴大。他自己呢，年紀大了，自己知道死期不遠，欲想留個好名譽，他會天天找機會死的。不過，太宰那個人却死不得，無論做了什麽事，你都要盡力保障他的生命和地位。

西　這我知道。

范　這回我帶了五十個精明强悍的商人來了。都改作姓施，説是你的族人，都來這裹找官做的。你要認他們，幫他們想法子，讓他們都能夠在政府裹大小佔個位置。在要緊的時候，你要保護他們。

西　要這些商人什麽用？

范　用處大的咧。他們都帶來了很多錢，來這裹囤積糧食。恐怕被人排擠，所以要找政治保障。并且，他們還帶着家眷。

西　要家眷又有什麽用呢？

范　用處更大。用家眷的名義囤積糧食，萬一出事，都推在家眷身上，爺們的罪就會減輕，説不定還可繼續存在。

西　你究竟是在做生意呢，還是在做政治活動？

范　當然是做政治活動。

西　囤積糧食幹嗎呢？

范　這不是很明白的麽？他們把糧食都收進去了不賣出來，糧食一定少，一定漲價，一定需要糧食進口。那時候，我們就把糧食運進來，和別國的糧食競争，我們把價錢儘量地放低，不但比别國的價錢低，連比吴國的糧食的價錢也低，吴國一定到處都暢銷我們的糧食，吴國人都吃我們的糧食。一年二年三年五年，就建立越國的糧食的信用，排掉别國糧食的進口，養成了吴國對越國的依賴性。到了時候，我們把糧食煮熟了運進來，讓它容易腐爛不能做種子，一定有一年吴國會連一顆糧食都没有，我們也一顆糧食也不運進來，吴國人就會真正没有飯吃，就會内亂，我們就可以唾手而得到他們的天下。明白了麽？囤積糧食，現在是一件非常重要的事，把糧食收進來，寧可讓它腐爛，寧可倒到海裏去，也不要賣出來。

西 我有點點明白：生意上的事，反正我總弄不十分清楚的。不過我想，是不是也有這樣的作用呢？比如説，囤積糧食的都是王家官吏，都是官吏的親戚，讓老百姓看見了，以爲是王家與老百姓争利，與百姓奪食，於是就不信任王家，恨王家，願意打倒王家呢？

范 對，對，正確之極。你真聰明，真是我的愛人，我的妻子。

西 那麽那麽，依這説法，豈不是并不要十五年麽？

范 可不？我原説過，衹要工作作得好，也許衹要十年就行了。也許還少些。

西 我真高興，哈哈，我的好少伯，你的腦筋怎樣生的？

范 走攏來點，來呀，讓我親親你。

（幕不知何時閉。）

一九四一，三，三，桂林

廢　話

（滑稽戲）

時　在永恒的時間裏。

地　廣場——刑場。

人　劊子手。

死囚。

群衆　觀衆。

幕開：死囚赤膊被綁，背插斬條，跪刑場上。劊子手着製服，右手執大鬼頭刀，刀鋒雪亮，刀柄拖大紅綢，色如鮮花。遠處城郭樓臺，隱約可辨，表示此滑稽戲發生在人間，離鬧市且不遠也。

劊　（左手抽斬條扔掉，拍死囚背）朋友，值價點，包你祇一刀就了。

囚　先生，請讓我說句話，祇一句……

劊　值價點，反正完了，還嚕蘇什麼呢？

囚　祇一句，真正一句，最後一句。

劊　脖子伸直！明年今天，你家裏會替你燒周年紙；再過二十年，你又是一條英雄好漢。

囚　這句話讓我説了，死了也念及您。

劊　你真蘑菇，我手裏做掉的人不少了，没有像你這樣不值價的。你大概曉得我的心是糯米做的，很容易答應人家的要求。好吧，説吧，快點，什麼話？

囚　您貴姓？

劊　什麼，就是這樣一句話麼？

囚　不是，不是，不過我問您貴姓。

劊　這你用不着，你説你的話吧！

囚　您真是個英雄豪杰，威風凜凜，殺氣騰騰，我一看就知道。

劊　你的話完了吧？

囚　您比英雄還要英雄，比豪杰還要豪杰。

劊　算了算了，莫灌洋米湯了。如果没有正經話，我可没有工夫等你了。

囚　無論什麽英雄豪杰，衹要一犯案，一就擒，一被判决死刑，就都死在您的手裏。

劊　胡説，没有這回事。我幹這行業，還不到五年，和我同行的還多得很。

囚　比如關雲長。

劊　什麽關雲長？

囚　關雲長不是個大英雄大豪杰麽？他就死在您手裏。

劊　哪裏哪裏？關雲長，哦，關雲長是不是關公，關夫子？

囚　還能是誰？

劊　他是三國時候的人。

囚　那有什麽關係呢？

劊　我却是現在的人哪！

囚　要是您生在三國時候，或者關雲長生在現在。

劊　什麽話？我并没有生在三國時候……

囚　一樣的。還有岳武穆。

劊　誰？

囚　岳武穆，岳飛。

劊　也是個古人吧？哦哦，《説岳》上的？

囚　對了。還有文天祥。

劊　這可連影子都没有。

囚　都是宋朝人，都是英雄豪杰，都是忠臣烈士，而且都死在您手裏。

劊　哪裏哪裏？他們都是古人。他們死的時候我的曾祖還没有生出來。我的曾祖的曾祖恐怕也還没有生出來。

囚　我知道。可是也是死在像您這樣人的手裏的。

劊　與我什麼相干？

囚　與您的職業相干呀，您的職業是一種英雄的職業，英雄的，英雄的。

劊　你究竟有話説没有？

囚　有，有，我還没有説咧。

劊　怎麼？還没有説？那麼，趕快説。趕快！我真等不得了。

囚　您是一個大英雄。

劊　還是這麼一套，你就甭説了。

囚　凡是大英雄，一定路見不平，拔刀相助，有救苦救難大慈大悲的菩薩心腸。

劊　可不，我就瞅你活着麻煩，受苦，拔出刀來，“助”你一下子。

囚　您瞧，我家有八十三歲的祖母，我爺爺早就過世了。

劊　哦，你家有八十三歲的祖母，爺爺早死去了？我家也有八十幾歲的祖母，爺爺早死了。

囚　還有六十來歲的媽，爸爸也過世了。

劊　我也有六十幾歲的媽，爸爸也死掉了。

囚　還有老婆、孩子。

劊　我也有老婆、孩子，三個孩子。

囚　她們都靠我養活。

劊　全和我一樣，我也没有哥哥弟弟，一家大小，全靠我養活。

囚　我死了，她們怎麼過日子呢？

劊　對了，怎麼過日子呢？

囚　她們該多麼傷心哪！

劊　那還用説，正像我家裏没有我了一樣。

囚　先生，您可不可以……

劊　什麼？

囚　爲了我的年老的祖母、媽、年輕的媳婦、年幼的孩子們……

劊　什麼？

囚　把我放了！

劊　我把你放了？你發昏！可憐死把你嚇昏了！

囚　看在我一家老老小小分上。

劊　看在你一家老老小小的分上？

囚　是的。

劊　那麼我的一家老老小小怎麽辦呢？

囚　那有什麽關係呢？

劊　没有關係纔怪；我把你放了，你逃了，你的一家老老小小都有靠了。可是，我逃不了，他們會殺掉我，至少也把我關起來，我的一家老小交給誰呢？

囚　爲什麽？

劊　瞧，還問爲什麽咧！自然是爲我把你放了哇！

囚　他們殺不了您。

劊　爲什麽？

囚　他們靠您殺人，如果要殺您，豈不是要您自己殺自己麽？您肯自己殺自己麽？

劊　他們不會叫别人殺我？

囚　别人不是幹你這一行的呀。

劊　衹要有錢，哪一行都有人幹。

囚　您叫人也把您放了。

劊　誰肯做這樣傻事？

囚　如果您把我放了，我一定去學您這一項行業；到那時候他們要殺您，我不待您説，就把您放了。

劊　那時候，他們又要殺你。

囚　我碰到的又是您。

劊　胡説，他們會把你我一齊殺掉。

囚　那麽，咱們現在就一塊兒逃走，您有刀，誰也攔不住您，我拼命，也難得把我攔住。您在前，我在後，殺開一條血路。

劊　笑話，我爲什麽要這樣呢？我逃出去了又有什麽好處呢？我一個人逃出去了，我一家子人又怎麽辦呢？

囚　有我呀！我伺候您一輩子，養您一輩子。伺候您一家人，養您一家人！

劊　你養我？你家裏一大家子人，還養不活，你養得活我？養得活我一大家子人？

囚　那麽，咱們一同做工。

劊　還是要我做工！我可不願做工，我没有力氣。

囚　做生意。

劊　我没有本錢。

囚　當兵。

劊　當兵要打仗，我怕死。當兵也養不活家。

囚　那麽那麽，當土匪。

劊　别提當土匪了，你不是當土匪，怎落得今天這下場？

囚　可是我并没有真當土匪呀，完全是冤枉。

劊　没有人冤枉我！

囚　您没有得罪趙太爺呀。

劊　趙太爺是誰？

囚　是我們那兒的大紳士，大財主，大好老。

劊　準是你搶了他的家。

囚　没有。

劊　那麽偷了。

囚　也没有。

劊　打他過？

囚　我不敢。

劊　駡過？

囚　不曾當他面。

劊　總得爲點什麽。

囚 爲他的姨太太看了我一眼。

劊 你吊他的姨太太的膀子?

囚 不是;是她看我。

劊 你不看她,怎曉得她看你呢?

囚 我本没有看見,趙太爺來碰見了,對他的姨太太説,你怎麽直瞅他!一吆喝,我纔曉得。

劊 這樣,他就把你……

囚 不;他回去打他的姨太太,他的姨太太不知怎麽一下子就吊死了。

劊 這與你什麽相干呢?

囚 這事是爲我起的呀,他就恨我。

劊 也不能把你問成死罪呀。

囚 他不説這事呀,他買活土匪,把我扳出來,説我是土匪頭子。

劊 你可以説你不是呀。

囚 我怎麽不説呢?可是問官也受了他的買活,用許多刑罰逼我。

劊 那麽,你就招了。

囚 我有什麽法子呢?刑又受不住,話又説不贏,錢又没有……

劊 實在没法。不過,你的話説完了吧?

囚 (大驚)什麽?

劊 我想時候到了。

囚 您不搭救我?

劊 誰答應過搭救你?

囚 您看我多寃枉!

劊 我管不着。

囚 我一家老小多可憐!

劊 伸好你的脖子!

囚 您是大英雄。

劊 這傢伙不值價!

囚 我求您……

劊　看刀！

劊子手手起刀落，死囚頭滾，血冒，身倒。

群衆　哦哦！（拍手。）

（不閉幕，緊接第二場。）

一九四二，二，二，桂林

天亮了

幕開：什麼都看不見，注視久後，始覺有黑影蠢動。

聲音 要得，阿福，天色好爽亮。

阿福 正是散散步的天氣，大王！

大王 格老子也真該出來散散步了。在王宫裏，今天“辦”這個，明天“整”那個，煩死了！

阿福 辦哪個呢？你駕？

大王 還有哪個呢？還不是那些造反的！從前造反，大不了是打仗；打仗，老子可不怕你！我猫頭鷹的天下，就是靠打仗打出來的。大風大浪還見少了麼！今天，龜兒子些都過乖了，不打仗，憑嘴巴，憑筆杆，表面上文質彬彬，心裏頭還不是要老子的江山。哦！誰來了？

阿福 一個男將，一個女將，朝這裏來了。哦，那女將長得好體面。你駕！

大王 我們躲開些，聽他們説些啥子！

男聲 （歌者試音）啦啦啦。

女聲 還好，今天的嗓子還好。我真擔心……

歌者 你怕又會失敗？

女聲 這回再不紅起來，以後連生活都過不下去了。

歌者 你放心，這回一定成功！

女聲 （低聲）你覺不覺得？我們背後，好像有誰跟着？聽説近來盯梢的非常多。

歌者 要跟就跟他的吧！我是一個唱歌的，唱歌總不能算犯法，能跟出什麼名堂來呢?

女聲　説這些話幹嗎? 快點走吧! 快開幕了。誤了場可不是好玩的。

大王　喂! 你們是做啥子的?

歌者　你們是幹什麼的?

阿福　你朗敢問大王是做麽事的?

歌者　他怎問我是幹什麼的?

大王　生啥子氣嘛! 你不開腔，我也曉得，你是唱歌的，我要知道的是你的名字?

歌者　我也一樣，知道你們是盯梢的。可連你們的名字也不想知道。

阿福　他名叫大王。是森林裏的王，是你們的王。我，行不改名，坐不改姓，姓蝙名蝠，是大王的侍從老爺。明白不明白?

歌者　明白了，因此，我們不能在路上走。

大王　你叫啥子名字嘛?

歌者　我叫夜鶯，怎麽樣?

大王　哦，你就是夜鶯，有名的音樂家! 這位是……?

夜鶯　你問這麽多幹嗎?

女聲　他是我的先生。

大王　是你的先生? 請問，你在啥學校……

女聲　我是他的太太!

大王　哦，太太? 你這樣年輕就結了婚!

阿福　“一朵好鮮花，插在狗屎巴”!

太太　請你放尊重一點!

大王　夜鶯太太! 你的先生會唱歌，想必你也會唱，可不可以請你唱一個歌給我們聽聽?

太太　我不會唱。

大王　客氣客氣!

阿福　有其父必有其子，有其夫必有其妻。

夜鶯　有其主必有其奴。

太太 真的，我還没有獨唱過。

大王 那麽，請夜鶯先生跟你同唱。

阿福 聽見没有，大王叫你們唱個歌聽聽？

太太 對不起，我們有事，我們要去開演奏會。

大王 唱一個短的要不了多少工夫。

夜鶯 歌可以説唱就唱，隨便唱的麽？

大王 當然不隨便唱，我們不得白聽人家的歌。

阿福 好一個音樂家，要唱歌，就先講價錢。你駕！

夜鶯 我説不能隨便唱，是説：嗓子不好不能唱，情緒不好不能唱，天氣不好不能唱，頂要緊的是：强迫唱不能唱！

大王 你把話説清楚，我們不過請你們唱，誰也没有强迫！

阿福 哎喲哎喲，好大架子，一百個不能唱？好吧，音樂家，唱不唱由你駕；可是先通知你駕一聲：放不放你們走，却由大王！

夜鶯 爲什麽？

阿福 就因爲你們不肯唱！

太太 （低聲）你就唱一點吧！“碰到猫頭鷹，有理説不清”，跟他們計較，划得來麽？

大王 究竟唱不唱？

阿福 大王問你究竟唱不唱？

太太 唱！就馬上唱！隨便唱一個吧！唱了好走。

夜鶯 唱什麽呢？好吧，那就唱個好的！《夜之咒》你先唱。你唱一句，我唱一句。

太太 （唱）這夜間多麽冷囉！

夜鶯 （唱）夜間没有不冷的！

大王 喂喂，你們唱的啥子？

阿福 大王問你們唱的麽事？

夜鶯 《夜之咒》，駡夜間的。

阿福 駡夜間的，大王！

大王　好好，夜間本來就該駡，啥壞傢伙都在夜間出來，啥壞事都在夜間做！

太太跟夜鶯　（重新開始唱。）

這夜間多麼冷囉！
夜間没有不冷的！
活在夜間多麼窘囉！
夜間没有不窘的！
這夜間多麼不好玩囉！
夜間没有好玩的！
活在夜間多麼不耐煩囉！
夜間没有誰會耐煩的！
這夜間叫咱們多害怕喲！
夜間没有不害怕的！
活在夜間的痛苦多麼大喲！
夜間没有痛苦不大的！
夜間不好！
不好！
夜間糟糕！
糟糕！
不好！不好！
糟糕！糟糕！
不天下之大好！
糟天下之大糕！
糟天下之大糕！
糟天下之大糕！
糟天下之大糕！

（末三句合唱）

大王　要得！硬是要得！哪裏還有這種好歌呢？衹是稍微凄凉一些。但本來是罵夜間的，在夜間，朗格不凄凉呢？哦，夜鶯太太的聲音嬌嫩極了！聽過後真安逸！

夜鶯 歌唱了，我們可以走了吧？

大王 可以，哪個説不可以？我向來説一是一，説二是二，你們請吧！

夜鶯 謝主隆恩！

大王 再見，夜鶯太太！

太太 再見！

（過了一忽忽）

阿福 走遠了，望不見了，你駕！

大王 你看我的樣子怎樣？

阿福 説麽事呢，你駕？

大王 還有點精神没有？

阿福 像一個戰場上的將軍，你駕！

大王 不太醜麽？

阿福 醜？比梅蘭芳還漂亮些，你駕！

大王 可惜年紀大了。

阿福 哪裏，哪裏，還祇看得三十歲呢。你駕！

大王 哈哈，還祇看得三十歲！真會“扯”！那麽你説還有女的會看上我麽？

阿福 那還用説，除非她没有福氣。你駕！

大王 那麽，那位太太，你看到没有？那雙大眼睛，就像在説啥子，愛情都流出來了，它一睁，我的心就一跳，一望我，我就覺得我的整個身體都淹進那眼睛的海裏去了。哦，它真在説話，説啥子呢？它説：“抓到我呀！抓到我呀！”我一輩子看見這種眼睛，祇有兩面。一看見就想到，非抓住不可，也祇有兩面。頭一面，哦，那不消説得，這一面，可非真地抓到不可！

阿福 那就乘早“抓”一下，你駕！

大王 抓她，她的男的呢？

阿福　還顧麽事男將不男將呢？“量小非君子，無毒不丈夫”，簡捷了當，把他……

大王　要不得，這種攪法，要不得！當然，個把夜鶯這種傢伙算啥子呢？幾時要幹掉就幹掉，可是還要他的太太愛我，不能整得太慘。你不懂得，整得太慘，太太説不定會出亂子毛病。頂好，叫她自自然然地到我這裏來，不露勉强的痕迹。

阿福　你駕今朝好像初出茅廬的小夥子了。女將們就喜歡你駕帶點勉强。越勉强，她們就越覺得幸福，越覺得你駕愛她愛得厲害。何消説，先總要扭扭捏捏，裝腔作勢一下；到了木已成舟，也就真地愛起來，擺也擺不脱了。并且你駕不把男將除掉，就是抓過來了，他們還不是藕斷絲連，她朗格肯心死眼閉地愛你駕呢？

大王　依你説？

阿福　“當斷不斷，反受其亂”！讓奴才馬上把他們追回來！

大王　你又來興風作浪了！唉唉！真是！我也不能自主了。哪個看見了那種眼睛還能自主呢？好吧，客氣些，莫嚇到那小鳥兒了。

阿福　喂喂！站到！（音聲漸遠，稍停，遠處争嚷聲漸近）逃得脱的麽？説句實話，經過我的手，就没有一個溜走過！嘻嘻，大王“罐子裏捉烏龜，手到擒拿”，奴才把夜鶯太太一捉住，夜鶯先生就自然跟起來了，你駕！

大王　豈有此理！叫你去請夜鶯太太與夫夜鶯先生，叫你莫嚇到了夜鶯太太，你朗格把夜鶯太太捉到？還不趕快放手！

阿福　是！你駕！

夜鶯　歌也唱了，什麽也幹了，是你放我們走的，又把我們捉回來幹嗎？

大王　哦！夜鶯先生，夜鶯太太，把你們受驚了！你們的歌唱得太好，我從來没有聽過這樣好的歌。聽了你們的歌，又引起我對於音樂的興趣來了。我要設立一個音樂館，請夜鶯先生屈就館長……

夜鶯　我們過慣了散漫生活，受不來拘束。

大王　莫推辭。要是嫌範圍小了，可以改成藝術館。藝術，也真該提倡一下纔對頭。夜鶯先生主持藝術館，裏面的音樂系，嘻嘻，借重夜鶯太太。

太太 我們都不會辦公。

夜鶯 那以後再說。現在請讓我們告辭。

大王 那像啥話！勞兩位的神，唱了一回歌，這樣就走，朗格過意得去？想送你們一點酬勞，又怕慢怠了。這樣吧：請你們到王宮裏吃酒去，順便也把我的王后跟你們介紹一下，她非常喜歡音樂，鋼琴打得也還要得。就没經過名師指點……

夜鶯 我們有事，不是早說過了麽？没有工夫去拜望！

大王 有事？有啥事？

太太 我們要去開演奏會，就要開幕了。

大王 開啥子演奏會？不去！不要緊！我賠你們的損失。阿福！你陪客人耍耍，我先回去叫他們準備。

阿福 是是，你駕！

大王 衹稍微耍耍，我就回來接你們。再見！

太太 怎麽辦呢？衹差二十分鐘了！

夜鶯 還有怎麽辦呢？又完蛋了！他倒說得好："賠你們的損失"，精神的損失賠得了麽？

太太 （低聲）你一個逃跑，讓我在這兒，你演奏了再來。

夜鶯 那怎麽行呢？這些傢伙都不是東西？

太太 （低聲）我想不會把我怎樣，你趕快去了就來。

阿福 麽事！想逃走？大王在這裏，要逃儘管逃，不干我事；現在一逃，我就交不了差！對不起，夜鶯先生，暫時屈尊一下兒，這根繩子，那一頭套在你的膀子上，這一頭套在我的膀子上。

夜鶯 怎麽怎麽，你不講理，用繩子捆我？

阿福 朗個怪我呢？是你自己敬酒不吃吃罰酒！

太太 你不能……！

阿福 這有什麽事呢？不痛不癢，衹稍微不好看些，大王一來，就會給解開的。我們三個在這兒散散步，聊聊天，回頭慢慢到王宮裏吃酒去。現在不怕你們開小差，我倒會跟你們客氣的。莫看大王在這兒的時候，我那樣吆喝：在他面前，不得不那樣，這就叫做“公事公辦”！（忽有微光從遠處射來）朗攪的？……舍了！一道霧……（光漸大）天要黑了！格雜！這麼早，天就要黑了！

（漆黑裏顯出三個朦朧的影子。影子逐漸清楚。一個是夜鶯，三十來歲，瘦長，破舊黄西裝，一隻膀子上繫着繩子，繩子另一端却繫在阿福的膀子上。阿福四十多歲，矮小，却强悍，獐頭鼠目，灰色製服。另一個是夜鶯太太，二十餘，秀美，白衣藍裙，簡樸潔净。這時候，忽聞歌聲由遠而近，十多個十歲以内的男女小孩，結着隊，提着燈籠，一邊唱歌，一邊跳舞，森林裏大放光明。）

孩子們　（唱）

啦啦啦！
啦啦啦！
我們是天真的小娃娃，
天不怕，
地不怕，
東西南北到處耍，
好玩的燈籠也帶出來啦！

（反復唱。）

阿福　（以手掩目）格雜！我還以爲天真要黑了：原來是妖怪來了，一群螢火蟲！多可恨，青天白日，他們一來，就弄得什麽都看不見了！

夜鶯　這些小東西！這些小寶貝！

太太　好玩極了！有趣極了！

阿福　（坐在一棵樹下，揮手）把他們趕走，夜鶯先生、夜鶯太太！求求你們：趕開那些小舅子，打死他們，唉唉，要是我看得見，我要一個個捉來宰了！

（夜鶯夫婦正出神，未聽見。一個穿得極破爛的更夫上。駝背跛瞎，提着更鑼，一面敲，一面唱。）

更夫 （唱）

起三更了！
起三更了！
小鳥們囉，安眠吧！
百姓們囉，做夢吧！
你憂愁麼？
做個快活的夢啊！
你辛苦麼？
做個清閑的夢啊！
如果你在生着病，
在夢裏你就健康了，
如果你在受着罪，
在夢裏你就自由了！
醒着你是飢餓的，
夢裏你會吃得飽飽的！
醒着你是寒冷的，
夢裏你會穿得暖暖的！
明天夢都變成真的了，
我們的日子就好過了。
夜安，小鳥們！
夜安，百姓們！

阿福 知更雀，知更雀！老夥計！幫點忙！把那些小妖怪趕走，把他們的燈籠摘下來！我叫大王給官你做！聽見没？（更夫不理，一直走過去）這點小忙也不肯幫麼？抱起娘日的，下次碰見了小心點！

（一個大塊頭上。蓬頭，满面污穢，僅一雙大眼睛可看清，衣服破爛，骯髒，不堪入目。）

大塊頭　還我國！

阿福　喂！這位！你是幹麽事的？跟我把那些無法無天的小雜種趕走，吃掉，打死，無論怎樣……

大塊頭　還我國！

太太　啊！他是誰，滿臉漆黑像周倉，多可怕！

夜鶯　他是瘋子。

瘋子　還我國！

阿福　瘋子，來得正好，（向螢火蟲們）你們還不趕快滾，我叫瘋子打死你們，吃掉你們！

瘋子　還我國！（一直走過去。）

（全體螢火蟲跳、唱、嚷、圍繞着瘋子，逗他玩笑，終於追他去了。光漸暗，旋即漆黑如故。）

太太　多可憐，一個瘋子！

阿福　謝天謝地，總算這瘋子來救了一駕，把那些小狗日的引跑了。

夜鶯　你曉得那瘋子的故事麽？

太太　不曉得，他還有故事？

夜鶯　三十年前，什麽地方有一個王，跟誰打仗，打敗了。國土被敵人占領了，他和王后都自殺了，又有的説被敵人殺死了，他們有一個王子，還衹剛剛一歲，名叫杜鵑。

阿福　名叫什麽？

夜鶯　杜鵑。

太太　請你别打岔好不好？

夜鶯　敵人爲了斬草除根，到處搜他殺，搜不着。他被一個宫女抱着、躲進陰溝裏過了三天三夜，改裝成老百姓逃了出來。有的説，因爲敵人把一個老百姓的小孩當做王子殺了，她們纔逃得出來的。宫女後來出了嫁，生了一個孩子，也取名杜鵑，説他是王子，叫他爲他的父母報仇。他十幾歲的時候，曾到别的王那裏去搬兵，又曾在一個朝廷裏哭了七天七夜，眼睛哭出血來了，血滴在脚下的白花上，把花染紅了，那花以後就總開紅花，那裏就叫它做“杜鵑花”。

太太 那個王發了兵有没呢？

夜鶯 没有，一個兵也不肯發。别的王也一樣。從此以後，他就瘋了，一天到晚喊：“還我國！還我國！”要那搶了他的國的還他的國。

太太 人家還給他了没有？

夜鶯 當然没有。如果還了，他就不會這樣喊來喊去了。你聽，他簡直連别的話都不會説，衹曉得“還我國！還我國！”并且把字音都念變了，這個聽是這意思，那個聽是那意思。

太太 唉唉，這這，哦哦，那搶他的國的是誰呢？

夜鶯 誰知道呢？聽説他正在到處找，却還没有找到。

太太 信他還在找？他在我們這兒找，莫非他的仇敵就在我們這森林裏麽？

阿福 不！不！朗會在我們森林裏呢？我們森林裏有哪個搶别個的國呢？大王已經好久没有用兵了。他的兵向來是仁義之師，無論到啥地方，老百姓都歡迎的，何至於搶别人的國呢？

夜鶯 這不過是一個故事。不一定很真，也不一定全假。有這麽一點影子，一傳十，十傳百，越傳越訛，也越傳越神奇。恐怕衹有一件事是真的，就是他是瘋子。

阿福 我看他連瘋子也未必是。不過裝瘋。他自己捏造故事，假冒王子，擾亂人心。剛纔，可惜那些小妖怪把半邊天弄黑了，我麽事也看不見；不的話，我倒想看看他，看他是不是真瘋子。

夜鶯 誰？誰是小妖怪？

太太 誰把半邊天都弄黑了？

阿福 還有哪個呢？當然是那些小螢火蟲？

夜鶯 螢火蟲爲什麽是小妖怪呢？

阿福 因爲他們把半邊天都弄黑了！

太太 他們怎麽把半邊天都弄黑了？

阿福　你也没有看見麼？他們好像個個都提着燈籠。

夜鶯　提着燈籠，爲什麼反而會黑了呢？

阿福　你們以爲青天白日，大家提着燈籠，天反而會亮些麼？

夜鶯　白天裏的情形，我們知道得不多；因我們出來的時候也不多。如果是在夜間，點起燈籠，當然會亮些。

太太　那些螢火蟲們，白天裏也不大出來。

阿福　不曉得你們在扯些麼事，我説白天，你們偏要扯到夜間！你們説你們跟螢火蟲們白天裏都不大出來，可是螢火蟲們剛纔不是出來了麼？你們自己現在不也還没有回家麼？

夜鶯　怎麼？你説的白天是指現在？你以爲現在是白天？

阿福　我説，你們真把我攪得胡塗了。你們瞧，現在没有太陽，又不是應該出太陽的時候，怎不是白天呢？

夜鶯　没有太陽的時候是白天？

阿福　當然！這樣亮爽！

夜鶯　有太陽的時候呢？

阿福　夜間哪！在那時候，我們麼事都看不見！

夜鶯　有這種奇談！

太太　第一次聽見！

阿福　你們的意見不是這樣？

夜鶯　跟你的剛剛相反，你所説的白天，我們認爲是夜間；你所説的夜間，我們認爲是白天。

阿福　夜鶯太太！你以爲你的先生的意見對麼？

太太　我們的意見一樣。

阿福　好，這真是“莫信直中直，須防人不仁”，“畫虎畫皮難畫骨，知人知面不知心”，原來你們也是妖怪！

太太　爲什麼？

阿福　因爲你們的意見跟我的相反，凡行爲故意跟我們爲難的，像螢火蟲們，及跟我們的意見相反的，像你們，都是妖怪！

夜鶯 我説你纔是妖怪。

阿福 我是妖怪？我想聽聽看，爲麼事我倒是妖怪來了呢？

夜鶯 因爲你的意見跟我們的完全相反；你説白天是夜間，夜間是白天；你又故意跟我們爲難，我們走得好好的，你把我們抓轉來！

阿福 我不跟你打嘴仗，不過先把一個信給你：如果不立刻改正，你一定要後悔！

大王 哦，夜鶯先生，夜鶯太太！

阿福 哦，大王來了，好不過，啓稟大王……

大王 夜鶯太太！夜鶯先生，朗格把夜鶯先生用繩子……

阿福 啓稟大王：他們是……

大王 不要多嘴！趕快解開！我告訴你們，説老實話，我先前跟你們説，我回王宫去叫人預備酒席，那是假話，其實是想把你們騙進王宫去。騙進王宫去幹啥子呢？嘻嘻，這這，這不好意思説的。我説請你們當藝術館長，也都是假話，不過想叫你們聽了高興一下，容易上我的當！

阿福 可是大王！他們……

大王 莫開腔，就是你在旁邊使壞，叫我做壞事！夜鶯太太，哦，夜鶯先生！我回到王宫裏，平心静氣一想：嘿，這要不得！從前，我看見一個女的，好看極了！那眼睛就跟夜鶯太太的一樣。我一看見，心裏就起了一種欲望：非弄到手不可！可是她是王后，她的丈夫又跟我是拜把的弟兄，朗格能夠到手呢？那時候，我還年輕，血氣旺盛得很，爲了這種事，性命都可以不顧的，就帶了兵去打我那位拜把的兄弟，他因和我相好，一點也没有防備，不費吹灰之力，就把他的森林奪過來了，把他跟他的一歲的兒子殺了，還殺死了好多臣子與百姓。可是她呢？那王后？你們猜？她一繩子吊死了！

太太 你！你搶别個的國！一定是搶的那……

夜鶯 别説！

大王　是的，這樁事要不得！費了那多力，喪了那多命，還是没有到手！所以，這一回就不那樣做了。不錯，夜鶯太太漂亮，我覺得；可是夜鶯先生也覺得的呀！我愛夜鶯太太……

太太　你説什麼？你敢！

大王　請原諒！我本不該這樣説，但是心裏實在這樣想，我不過把心裏的話説出來罷了。我愛夜鶯太太，可是夜鶯先生也愛他的太太呀！“君子不奪人之所好”，何況還要費許多事呢？何况費了事，還未必能夠到手呢？於是天良發現，决計不做這樁事了。

太太　聽見没有？你説他可怕不可怕？

夜鶯　既然這樣，可以讓我們走了吧？

大王　不！還有幾句話説説，就是現在我誠心誠意跟你們做朋友，龜兒子説假話，真正請你們來領導藝術工作，要啥名義就是啥名義，要多少經費就是多少經費，要朗格辦就朗格辦，衹要你們肯來。王宫裏懂得藝術、文化的實在太少了，一些蚊蟲雖然説整天在嗡嗡，可啥道理也嗡不出來。連我都瞧不起他們，難怪真正的藝術家，文學家不跟他們來往。我相信你們來了，一定大不相同，一定有好些藝術家會跟到來，衹有真正有聲望有地位的藝術家纔能號召别的藝術家，是不是？來的多了，我們纔有力量，纔能夠把現在文化、藝術界的分歧、錯雜的思想切實糾正一下！

阿福　（厲聲）他們自己的思想就該糾正！

大王　你瘋了？

阿福　奴才有話啓禀。

大王　你還有啥話？我不高興聽！

阿福　他們説白天是夜間，夜間是白天。

大王　胡説！他們朗格會説這種話呢？

阿福　你駕不知道。你駕回宫不久，有一群小妖怪來了，個個都提到燈籠，把半邊天都弄黑了……

大王　啥小妖怪？幹啥子的？

阿福 一群螢火蟲，怕有好幾十個，都提到燈籠，你駕！

大王 提到燈籠？那小龜兒些敢提燈籠？那不弄得烏煙瘴氣，眼睛都睜不開？我還以爲森林裏衹有吵着要來求這要求那的；原來連提燈籠的都有！這簡直太無法無天了！阿福！二天派警察去把他們抓來！

阿福 是。你駕！

大王 可是這跟夜鶯太太與夫夜鶯先生有啥關係呢？

阿福 就因爲這呀。奴才説妖怪白天裏提燈籠，把半邊天都弄黑了，他們説夜間提燈籠，反而會亮些，你駕！

大王 他們説夜間，你管它！

阿福 你駕還没有聽明白，他們説現在是夜間！

大王 搬墩兒！他們説現在是夜間？哪個説的？

阿福 先是夜鶯，後來他的老婆也同意，你駕！

大王 有這種事？我要來問問他。夜鶯！你説白天是夜間，夜間是白天？

夜鶯 没有。我説白天是白天，夜間是夜間，倒是他説白天是夜間，夜間是白天。

阿福 麼事？我説過……

大王 莫開腔！——那麼，啥時候是白天，啥時是夜間呢？

太太 他不説過麼：白天是白天，夜間是夜間。

大王 對不起，没有問你！

夜鶯 我説有太陽的時候，或者太陽叫雲遮住了的時候……

太太 （低聲）你説是夜間！

夜鶯 是白天！

大王 那是白天！眼睛都不能睜，伸手不見指頭的時候是白天？那麼，夜間呢？不消説，没有太陽，甚至没有月亮跟星星，像現在，連一根花針落在地上都看得見的時候！格老子，這不是有心跟我們跑倒風麼？真不明白，你們這班傢伙，做啥子總是跟我們的意見相反。我説東，你們偏説西；我要這樣，你們偏要那樣！來！把他捆住！

阿福　是，你駕！如何？我説你要後悔的吧？值價點，不讓捆也是要捆的。

太太　放開！你們要怎樣？他犯了什麽法，他礙着你們什麽了？

大王　莫生氣，夜鶯太太！這不是搬墩兒的。别的事情，我都可以馬虎，這是個根本問題，是真理是非的問題，馬虎不得！至於你，你是這樣年輕，這樣標緻，你是無辜的，我一定要想法子……

太太　不！這不行！這太不公平了！就算我們的意見跟你們相反，你們的意見也不跟我們的相反麽？我們不能抓你們，你們却抓我們。這就不是意見不意見的問題，倒是有勢力没有勢力，逞强不逞强的問題。

大王　對頭，一點不錯，是勢力的問題。你的先生不抓我們，不是因爲厚道，祇是因爲他没有勢力。要是有一天他有了勢力，我們没有勢力，他還不是照樣抓我們。

太太　但是這是對的麽？兩種意見不同，你們以爲你們的是對的，我們也以爲我們的是對的。如果你們的意見真是對的，我們的意見真錯了，你們拿出理由來説服我們好了，爲什麽要捆他呢？

阿福　他那種頑固傢伙是説得服的麽？

太太　没有説，怎麽知道説不服呢？就算説不服，祇要你們的意見真對，不抓他，會變成不對麽？如果你們的意見不對，抓住他，抓住我們，把我們一齊殺了，就對了麽？

大王　好吧好吧，夜鶯太太，你也不必説那麽多了，你的意思，不過想救你的先生。“英雄難過美人關”，要你們太太小姐們不羸，就格外開恩，給他一條生路吧。你們先唱的那個歌，叫啥子呀？

太太　不是早説過了麽？

大王　對了，《夜之咒》，是不是？駡夜間的，是不是？我先還以爲真是駡夜間的，原來倒是駡白天的！不用説，是他的得意杰作！以前的不談，夜鶯，你另外唱一個歌，歌名要叫做《夜之頌》，説夜間是這麽光亮、暖和、有趣，用一種快樂的調子唱。

夜鶯 你們不是説現在是白天麽？

大王 不跟你計較這些；照我的意思唱了，就放你們走。

夜鶯 現在不能唱！

大王 啥時候唱呢？

夜鶯 等我真正感覺得光亮、暖和、有趣的時候！

大王 啥時候你纔覺得光亮、暖和、有趣呢？

夜鶯 不知道。總不是現在。現在給你們抓來抓去，捆來捆去，誰也不會感覺得光亮暖和或者有趣的呢！

大王 夜鶯太太！你都看見了，聽見了，這樣容易的事都不肯，還有啥法子呢？阿福，把他帶到王宫裏去！

阿福 是，你駕！

太太 且慢，阿福先生！且慢，大王！何必要他唱歌呢？你們不知道，他就是這樣一種怪脾氣，越是要緊的時候要他唱，他越是不肯唱的，要我來勸勸他。哦，親愛的！親愛的！

夜鶯 你别開口，還有什麽可説的呢？這真是個野蠻世界，肉體支持精神的世界！他們憑他們塊頭大，體力强，把什麽都搶到手，自己稱王稱霸，横行無忌，要别個贊成他們的意見；别個無論有怎樣的才能、志願、思想，都得做他們的奴狗，侍候他們，服從他們，不低頭，就不能逃出他們的魔手！我偏不唱，看他們怎樣？大不了是死吧，死就死，也叫他們知道世界上也有不怕死的！

太太 親愛的，咱們不説這些！你對，我知道；你受了委屈，我不是不明白。可是現在，你唱幾句吧，隨便唱幾句吧！在這樣生死的關頭，無論唱了什麽，没有誰會不原諒你的。别把你的生命看得太不值錢了！想想你的藝術吧，想想你的妻子兒女吧，他們還多麽年輕，多麽幼小啊！

夜鶯 不行！連他都曉得道理是非的争執是不可以讓步的，難道我們反而可以隨隨便便嗎？我死了還有你，還有相信真理的藝術家，我相信你們一定能夠承繼我，承繼我的藝術，我的精神！我們的兒女雖然還小，但是有你培養他們，有朋友影響他們，并且有我在前面跟他們做了榜樣，我相信他們將來决不會走錯路，决不會……

太太　不，不，親愛的，你不能死！無論怎樣，你不能死！呵呵！怎麽辦呢？——大王他不唱我唱。

大王　對不起，我是要他唱。

夜鶯　不行，怎麽可以這樣卑屈呢？你唱了，我活着也不認你是我的妻子！

太太　親愛的！親愛的！——大王！大王！

大王　有這種傢伙没有？衹叫他唱一個歌就饒了他，他不肯！他的妻子勸他，他不肯！甚至他的妻子替他唱，他還不肯！他寧可讓自己死掉，寧可讓年輕的妻子守寡，寧可讓兒女成爲孤兒，都不肯唱一個歌！這長的啥子心肝！

阿福　這叫做壽星老頭吊頸，活得不耐煩！

大王　你有犟脾氣，我也有犟脾氣。你活得不耐煩，我偏要你活到，要你活到服從我，你的太太説，没有説，朗格知道説不服呢？這話也對頭，現在就跟你擺擺龍門陣！我要説服你！要用一切的方法説服你！

阿福　聽到没有！大王跟你講話！

夜鶯　我又不聾！

大王　你知道白天與黑夜間是啥子意思麽？

夜鶯　你以爲是什麽意思呢？

大王　我以爲，白天也好，夜間也好，都不過是一個名字，它們本身并没有意思，要我們給他一個啥意思，它纔是啥意思。如果起初給白天的名字是夜間，給夜間的名字是白天，現在我們還不是叫白天爲夜間，叫夜間爲白天麽？

夜鶯　不錯，不過已經叫定了之後，就不能隨便改！

大王 白天不是説看得見，做事方便麽？夜間不是看不見，不能做事，衹好用那一段時間睡覺麽？那麽，我們就在現在，就是你所説的夜間，看得見做事；倒是你所説的白天，我們啥子都看不見。難道我們不應該把自己認定的白天叫做白天，夜間叫做夜間麽？

夜鶯 看不看得見，適不適宜於做事；應該就大家的習慣説，不能因爲一兩個誰的古怪脾氣，喜愛黑暗，不喜歡光明，慣於黑暗，不慣於光明，就把已經公認的東西説得剛剛相反。比如我，白天夜間都看得見，我不能説没有夜間；瞎子在白天夜間都看不見，他不能説没有白天。至於偏是白天看不見，夜間看得見的，那衹是他自己的不幸。能夠在夜間做點於大家有益的事，别個决不會歧視他，獨有因爲自己對於白天和夜間的適應不同，就以爲誰都錯了，衹有自己是對的，甚至以爲别個的什麽意見都錯了，自己的一切意見都是對的，與一切意見爲敵，與大家爲敵，用權力强迫别個同意自己的意見，他算是一種什麽東西，會得到一種怎樣的結果，我想，那不必説下去。

大王 你説夜間黑暗，可是你爲啥子跟你的太太一道兒散步，唱歌，都要在這夜間做呢？你朗格不爽興跟别的妖怪們一樣，在這夜間衹是睡你的瞌睡，等到你們所謂的那種的白天來了，纔起來呢？你既然要在夜間生活，豈不是這夜間總有點啥子合乎你的胃口，那你所謂的白天，總有點啥子不如你的意麽？

夜鶯 不錯，到現在爲止，我還衹習慣於這夜間，没有習慣於白天，這是我從小生活過來的原故，或者還是從祖先就這樣生活過來的原故。并不是永遠無法改變，我現在就正在練習早起早睡，以便把這生活習慣改變過來。

阿福 “江山易改，本性難移。”我相信你一輩子也改不過來。

夜鶯 就是永久在夜間生活，對於我的認識，什麽是白天，什麽是夜間的這認識，有什麽妨害呢？生活在夜間，就一定要説夜間是白天，白天反而是夜間，或者就歌頌這夜間，説它怎麽好怎麽好，這是你們的道理，不是我的道理。

大王　可是你不必駡它呀！

夜鶯　你説我没有權利駡，是不是？不，我比誰都更有權利駡。我在夜間生活得太久，知道夜間的黑暗太深；你們的横行霸道，無惡不作，像幾個小孩提提燈籠，就要把他們怎樣長怎麽短的事情；像我不説白天是夜間，夜間是白天，就説我是妖怪，就要傷害我這事情，都是我親眼看見，親身感受到的；我駡起來，比那些没有在夜間生活過的人，衹憑想象的隨口亂駡，要中肯得多，切實得多，也痛快得多！

一個新聲音　格格格……

大王　哪個？哪個躲在這裏偷聽我們説話？

聲音　（朗誦）從祖先的時候起。

阿福　做麽事的，還不滚開！

聲音　（朗誦）就盼望一個唱歌的日子。

阿福　雜種！又是一個瘋子！

聲音　（朗誦）爸爸望着天空……

大王　把他抓住！

阿福　是，你駕……哦，大王，他是瞎子！

聲音　從破屋的——呵呵，你爲什麽抓我？爲什麽打斷我的真言？

阿福　是呵，你爲什麽事偷聽大王講話？

聲音　你是大王？我我没有看見，我我不知道，我是個玩魔術的，剛學會了念一種真言，還没有背熟，我一面走一面背，想不到闖到大王……

大王　你念的啥子真言假言？

聲音　是一個過路的老師父傳給我的。他説，他的真言，能夠改换别個的心腸，狠心的變爲善心，倔强的變爲隨和，不愛的變爲愛。我還没有背熟……

大王　我就不相信這種鬼事。再念吧，宰了你！

太太 哦，魔術師，你説你能夠叫狠心的變爲善心？

聲音 是！

阿福 能夠叫不愛的變爲愛？

太太 大王！叫他念念吧！叫他念念吧！求求你！

阿福 就叫他念念吧！説不定真能叫太太小姐們回心轉意咧。你駕！

大王 好，念吧！不靈宰了你！

聲音 我不敢念，我還没有背熟；又没有試過，不曉得靈不靈。

大王 不念，宰了你！

聲音 哎呀，這可不知怎麼纔好了！先聲明一句，念的時候，誰都不能打岔，一打岔，就得重新再念。

大王 快念你的，莫躭擱時候。

太太 我們不會打岔。

聲音 無論高興不高興聽，都要讓我念完。

阿福 嚕蘇！

聲音 （朗誦）

從祖先的時候起，
就盼望一個歌唱的日子。

爸爸望着天空，
從破屋的隙孔裏；
我們又全都望着爸爸。
他看見：
蒼白的月亮，
在中天彳亍，
烏雲纏住他的腿，
黑色的天狗又擋住他的去路！

有時候，灰色的天河，

把天空分成兩半了。
牛郎站在天河這邊，
背後是無數男的星；
織女站在天河那邊，
背後是無數女的星；
他們切盼着會合。
然而，
天河把天分成兩半了！

先知的預言：
從東山那邊的東海，
從東海那邊的東山，
將有一個姑娘，
黄金的頭髮，
遮住她的羞紅了的臉，
遮住她的透亮的全身，
她拖着五彩的衣裙，
邁開脚步，
向我們走來。
那時候，
就是我們歌唱的日子！

雲彩準備着美麗的顏色，
雀鳥準備着嘹亮的聲音，
花草準備着歡欣的眼淚，
我們，
全世界青春的跳動的心，
迎接那至美的姑娘，

迎接我們歌唱的日子!

我們看見,
我們的心看見,
從遥遠的東方,
那日子,
來了!

太太 怎麽不念了?

聲音 念完了。稍微休息一下就念第二遍,頂多衹要三遍……

大王 你念些啥子?

聲音 真言,大王!

大王 那真言是啥意思?

聲音 不懂得,大王!師父這様傳授,我們這様學,没有誰問是什麽意思。

大王 胡説!你以爲我不懂得你的話,不懂得你念的是些啥子麽?

聲音 没有説大王不懂,衹是説我蠢,不懂得!

大王 胡説!阿福,把他看起來!他不是啥魔術師,他是跟夜鶯他們一路的傢伙,是妖怪,他念的完全是妖言!那妖言説,他們要歡迎太陽,歡迎他們的白天!他不是瞎子麽?有什麽白天與夜間呢?可是還要歡迎白天!真是他媽的天生的妖怪,阿福!把他也捆到!

阿福 是,你駕!他逃不了!他的狗屁真言可真不成東西,難怪聽不順耳!棍子丢了它!還捨不得麽?把你跟夜鶯先生綁在一根繩子上,他好牽到你走。你們一個駡夜間,一個歡迎白天?正好一對兒?

聲音 既然你們看出破綻來了,爽性就告訴你們吧,我叫公鷄,不是玩魔術的,倒是個寫詩的。到夜鶯先生的演奏會去聽音樂等了許久,臺上報告夜鶯先生失了踪。聽衆憤激起來,臨時開了一個反暴君大會。你知道麽?就是反對你猫頭鷹。散了會回來,在路上碰見知更雀,他跑得滿頭大汗,説他躲在林子外面聽見你們在這裏謀害夜鶯先生，他要去找螢火蟲們來救他，并且說你的仇人也正在找你，他要找他來跟你算賬。叫我先來跟你們説些鬼話，混混時候。（遠處微光射來）哦！我的眼睛亮起來了，夜鶯先生！想是知更雀搬的救兵到了！（向光）這裏！這裏！

大王　龜兒子！你們都，都造起反來了！把他們一齊……（光漸亮）朗格的？天要黑了，非把你們齊宰掉……嘿嘿，我幾老實，我還在做夢，想跟你們拉攏！看起來，没得法子，有你們就没有我，有我就没有你們！（光漸亮）阿福，朗格越來越黑？真是小龜兒來了麽？

阿福　還有别的麽事呢，你駕？就是那些小雜灰螢火蟲！（低聲）趁現在還看得見一點兒，趕快回王宫去吧，到别處去吧！離得越遠越好！（光更亮。顯出阿福和夜鶯夫婦，以及以前未看見過的人物：猫頭鷹，六十餘歲，大塊頭，黑色的王者衣冠。公鷄二十來歲，健壯，黄衣紅帽。）

大王　朗格這多小龜兒？有這些小龜兒，天下還能太平麽！老子從前在做啥子嘛！朗格没有把他們鏟光呢？好，走就走！！把這兩個龜兒子帶起！

公鷄　我們倒樂於跟你們走到天邊，衹怕你們倒來不及走掉了！

阿福　（低聲）大王，趕快走，回頭格外看不見了！那兩個傢伙，天黑了也看得見的，看樣子，公鷄反而是白天裏看不見，那麽，他們在明處，我們在暗處，奴才帶不走他們，（高聲）大王向來寬大爲懷，饒他們去吧！

大王　今天不早，明天不遲，（指公鷄，又指夜鶯）總有一天，你們會碰到老子手裏的——哦，夜鶯太太，再會！不得了！阿福！來扶扶我！

阿福　是，你駕！（半摸索地向猫頭鷹的方嚮走去）可是我自己也……

公鷄　不帶我們走麽？

夜鶯　大王！讓我唱個歌給你聽吧？現在我覺得光亮，暖和，有趣了！

大王 這龜兒子還譏誚我！氣死我了！

阿福 “龍游淺水遭蝦戲，虎落平陽被犬欺，”别跟他們計較。你駕！

（在上面這些過程中，光綫一直在逐漸大，這時候更亮起來，螢火蟲們上。裝束同前。數目幾乎多了一倍。）

螢火蟲們 （唱）

有一分熱，
發一分光，
不必死等太陽，
有他自然好，
没有，
我們自己就是光亮，
小是小，
總比黑漆一團强！
總比黑漆一團强！

（唱完了又唱，直到杜鵑出場止。）

大王 糟了，簡直一點也看不見！唉唉！

公鷄 夜鶯太太，還望着幹嗎呢？把夜鶯先生的繩子解掉！

（夜鶯太太替夜鶯解繩子之後，夜鶯替公鷄解繩子。杜鵑突上，直到猫頭鷹面前，一手抓住他的領子。）

杜鵑 還我國！

大王 啥子？你敢？你是誰，你做啥子？

杜鵑 還我國！

太太 原來搶杜鵑先生的國的果真是他！

螢火蟲們 瘋子！呵呵！瘋子！

大王 你是杜鵑，你你，怎麽你你没有死？

杜鵑 （另一隻手抓住阿福）還我國！

阿福 救命哪！

公鷄　（高舉兩手）格格格……

（像被這聲音所喚起，金紅的霞光，從森林的隙空裏射進來，朝旭微霞，螢火蟲們的燈籠都暗淡了。更夫上。）

更夫　（唱）

天亮了！

天亮了！

黑夜過去了！

我們的日子來了！

起來喲，小鳥們！

起來喲，百姓們！

迎接太陽！

迎接我們的日子！

（林中百鳥爭喧，遠處歌聲四起，杜鵑一手抓住猫頭鷹，一手抓住蝙蝠下，螢火蟲們圍在四周歡笑，公鷄、知更雀隨後，夜鶯夫婦最後。）

夜鶯　（擁太太唱）

天亮了！

……　（幕下）

一九四五，一一，二八，渝三十六計樓

夢

時 一九四二，八，一〇。

地 夢中。

人 夫，妻，女，男、女僕各一。

景 著作家工作室。正中壁上掛着莎士比亞、狄更斯、拜倫、雪萊等作家照片，近墻處各靠右有一張小圓桌，鋪着臺白布，放着茶具及一個没有插花的花瓶。桌邊有幾把圓凳。右邊爲大窗，窗外依約有桂林的山峰，熱帶的椰樹，一般都市的大厦屋頂等等。離窗不遠爲一寫字檯，檯上有日曆，上有“八月十日”等字樣；此外有叫人鈴、電話機、書籍及文房四寶，寫字檯前爲一轉椅，旁邊爲一躺椅。右邊爲門。

夫 （年三十餘，瘦長，便裝，坐寫字檯前工作，隨即放下筆，取檯上報紙，移坐躺椅上看，自語）盡是廣告！今天連副刊也没有了，簡直是廣告報！（翻）什麽！“印度火藥庫爆炸”！他媽的！“甘地，阿沙德，尼赫魯，巴德使爾，拉都夫人……”他媽的，這樣……楊嫂！楊嫂！

女僕 （推門上）先生喊我？

夫 （搔頭）哦，你曉得印度麽？

女僕 剛纔送報進來的時候，先生還銜在口裏的。

夫 你説什麽？

女僕 煙斗哇！

夫 煙斗？還怕是皮鞋！

女僕 皮鞋早晨搽過油，放在窗臺上晾着。

夫　我説印度！印！度！

女僕　哦，那電熨鬥！太太説太費電，叫送到拍賣行去了。

夫　你是那裏人？

女僕　本地人，先生。

夫　你不懂我的話？

女僕　我我……

夫　去去！哦！轉來！

女僕　是。

夫　阿樑呢？

女僕　買柴去了。

夫　回來了，叫他來一下。

女僕　是。（下）

夫　（又看報）"被捕者共達一百四十九人，民衆感情激動，警察一再開槍，每次均曾使用催泪彈！"這是什麽世界，這這……（坐寫字檯上撥電話）你是伍公館麽？找伍先生講話，不在家？（又撥）要駱先生講話，怎麽，到陽朔去了？（放下電話筒）連一個説話的人都找不着。（門外敲門）進來！

男僕　（上，年四十餘）説是先生喊我？

夫　哦哦，阿樑，買柴回來了？

男僕　是。先生！

夫　你曉得甘地麽？

男僕　當然是乾的，濕的燒不燃。

夫　什麽乾的濕的？

男僕　先生不是問柴麽？

夫　胡説！我説印度的甘地、尼赫魯、阿沙德……

男僕　嘿嘿。先生今天考我了，我没有學過洋話。

夫　什麽洋話？這是中國話；哦！跟你纏不清，……

男僕　是。（擬下，碰見妻上）太太回來了。（下）

妻 （年二十餘，樸素時裝，手拿大把鮮花和一張報紙，向夫點頭微笑）你看這些花好看麽？

夫 你回來了好不過；哦。好看得很，怎麽忽然想起買花呢？

妻 你就不知道爲什麽？（插花瓶中）還跟你買咸魚回來了哩。

夫 真的嗎？那一定是有什麽了不得的喜事！我正要跟你講，報上説……

妻 你看見了，我想瞞着你的。×夫人到那裏的五十萬塊錢的開辦費領到手了。婦女職業學校，婦女運動訓練班，慈幼院，托兒所，都可同時開辦起來。地點、房子，都看好了；章省五、楊明倩、朱紫衣，都答應來幫忙；十年的夢想可以實現了。今天招生廣告報上登出了。

夫 哦哦！不是，我是説甘地他們……

妻 什麽！甘地他們怎樣？

夫 甘地、尼赫魯他們都被捕了，你没有看見？

妻 我衹看過廣告。（看報）呵！“印度火藥庫爆炸”！

夫 前幾天在孟買的時候，曾到國民大會去旁聽。甘地、尼赫魯他們的講演透徹極了，動人極了，有許多人聽得哭起來。我敢説全場幾十萬人没有不贊成他們的主張。

妻 自然，我們印度也該抬頭了。

夫 散會的時候，人擠得一塌糊塗，但是甘地看見我了，就同尼赫魯幾個人擠到我面前來，同我握手，感謝我的旁聽，問我什麽時候回加爾各答。并且説恐怕兩天之内，政府就要下他們的手。如果他們失去了自由，希望我能在言論上援助他們。我當時向他們拍胸，説我一定照他們所希望做。誰知這麽快……

妻 現在衹看你的表演了。

夫 那還用説，我已經答應過他們，就是没有答應，也一樣，要做我所應該做的，我要打進印度人民裏頭去，發動罷工、罷市、罷課、示威遊行，要求釋放甘地他們；要求印度的獨立、自由。還要寫文章、講演，發動印度人民起來參加解放運動，支持那些已經參加的人們。

妻　不過文章在哪兒發表呢？印度人辦的報紙刊物，甘地都叫他們停刊了，約定獨立以後復刊。其餘的都是政府辦的，不會要這種稿子。我早勸你自己辦一個刊物，你總説，不必要。

夫　詹母士跟我很好，他的報的態度也不錯，他會用我的稿子。

妻　你説的是平常的情形，現在是什麼時候？

夫　形勢就這麼嚴重了麼？讓我問問看，（撥電話）哈囉哈囉！《加爾各答日報》麼？請總編輯詹母士先生，你就是詹母士。我是紺弩，聶紺弩。什麼尼赫魯，尼赫魯早抓去關起了。我是聶紺弩，對了，我有一篇稿子，你可以用麼？明天見報來不來得及，那好極了，馬上就寫，四點左右送來。不要派人來拿，我送來，好，就是這樣。再見，（掛筒，問妻）如何？

妻　你没有對他説什麼文章呵。

夫　他也没有問，當然是什麼文章都可以。那麼，太太，請你暫時回厨房去，我就要動筆了，下午四點以前要完稿哩。

妻　我也要去看把你咸魚怎麼攪了。（擬下，電話鈴響不停。）

夫　（接電話）哈囉我就是，你是詹母士？關於印度問題的，怎麼？當然同情，不用説罷！（憤然放上聽機）豈有此理！説不能同情甘地他們！不同情，還寫什麼呢？簡直是……

妻　何如？

夫　別幸灾樂禍了；他不要，我另外想辦法，（從寫字櫃的大格裏取出鋼版和一卷蠟紙）就在蠟紙上寫，叫阿櫟跟楊嫂趕印一下，明天就到街上去賣，去講演。

妻　真要這麼幹麼？好好想一想吧！

夫　早想過了。

妻　這麼一來，結果是什麼呢？

夫　是印度的獨立。

妻　有這種把握麽？

夫　不是説我一個人這麼一做，印度就一定能獨立。但做的人一多，成就就不遠了。“自由非贈品”，政府不會無緣無故讓印度獨立，需要人做工作，需要很多人做。甘地、尼赫魯他們已經做了，我從現在起，也跟着他們做。

妻 印度真獨立了，帝國會怎樣呢？香港被日本占去了，馬來群島、緬甸也被日本占去了。印度現在是帝國的生命綫。印度真一獨立，帝國的前途怎樣呢？

夫 那就很難説。没有殖民地的國家不很多麽？反正帝國國土存在，帝國人民也會自由的。至於政府，那實在太老太久了。一個人一老，各種各樣的病都會發作，有什麽辦法呢，長生不老的藥總是没有的呀。

妻 如果這麽嚴重，我勸你還是……

夫 什麽？

妻 這不比寫寫無關大局的雜文，也不是談什麽婦女問題，這是大幹呀？

夫 我不能大幹麽？

妻 你的身體不好。

夫 吃得喝得，有什麽不好？

妻 你總是帝國人。

夫 胡説！是帝國人又怎樣？

妻 你是帝國人，你一動手，一定有許多人攻擊你背叛祖國。

夫 誰説？誰攻擊？

妻 那些御用的文化人，那些學者、教授，説不定就是詹母士；他們巴不得出什麽事哩！

夫 管他哩，反正不出事，他們并没有饒我。

妻 從今以後，没有刊物肯發表你的稿子，都像《加爾各答日報》一樣，别人無論説什麽，你連回一下手都不能够，你會没有收入，出的書會被禁止，以前的版税，他們也會叫書店賴掉；我們的生活會没有辦法維持。

夫 你想得太遠了！你没有説，一動手，政府就會把我們抓去，生活反而不成問題。

妻　是的，他們會把你抓去，把最殘酷的刑罰給你受，你會比甘地他們還要悲慘，因爲你是叛徒，是奸細。

夫　我跟你説過，自由不是白給的，它需要人的血和眼泪去换，那自然有人受苦、犧牲。釋迦牟尼説："我不入地獄，誰入地獄？"甘地説："就是全世界都反對我，我還要這樣做！"

妻　他們還要破壞我們的婚姻。帝國的法律，不準帝國人和印度人結婚，我偏偏是印度人。平常他們看見你有地位，不好認真，到時候，就不會客氣了。至少也會用種種方法誣衊我們，説我們没有結過婚，是私通，是犯法的，并且虐待我們的孩子。

夫　比起印度的獨立來，都是些小事情。

妻　還要看管我，監視我，説我是罪人的妻子或情婦。

夫　你怕了？

妻　自然不怕，可是我的托兒所、慈幼院、職業學校、講習班，就都完了。

夫　這樣説，那是我連累你了。爲了工作，我們可以馬上離婚，我馬上找律師。（撥電話。）

妻　幹什麽？（阻止。）

夫　（推開妻）你是法學博士丁作韶大律師事務所麽？

妻　（奪聽筒挂上）我不過跟你商量，怕有拆散的一天，怎麽倒先自己拆散起來呢？

夫　你説的很有道理，我們應該誰也不妨害誰。自然，這不過是表面上做給别人看的，我們心裏的結合，永遠也不會拆開。

妻　算了算了，你要怎麽辦就怎麽辦，我也不過試試看，看樣子真是下了决心了。

夫　既然這樣，我又要下逐客令了，讓我寫文章嗎！（忽注意寫字櫃上的那卷紙）慢點！這是什麽：……這這……

妻　什麽？

夫 （拿起一張印刷品）瞧，我的文章寫好了，早印出來了，這不是："爲甘地、尼赫魯等人被捕告印度同胞"，唉！我的記性真壞，做好了的事，還説要做？奥・亨利有一篇小説，寫一個忙人在結婚的第二天又向他的新娘求婚，他把先一天的事情通通忘掉了！

妻 真印出來了麼？給我看看！給我……

夫 （遞文件給妻）還有許多放在抽屜裏，（從抽屜裏取出許多文件）我馬上要到街上去發散了。（挾件擬下，窗外的群衆騷動突起。）

妻 怎麽回事？（望窗外）哦！好多人，示威游行。你看好幾千人，打着大旗、唱着歌、喊着口號，朝我們這邊來了！

夫 有這麽巧事？正要去找他們，他們就來了！（走到窗前）真的。好極了。我對他們講演去！（擬下，隨即回來）還不如就在這兒的好！（把携下的東西放在桌上，一手拿起瓶裏的花，一手搬起一把凳子放在窗前，一脚踏凳上，一脚踏窗臺，窗臺上晾的皮鞋落下。群衆騷聲更近。）

妻 小心點，别叫掉下去了！

夫 （拿起花向窗外招手）同胞們，印度的同胞們！示威的同胞們！静一静，請静一静！我有幾句話跟你們説，我叫聶紺弩，我是一個帝國作家，但是我的太太是印度人；甘地、尼赫魯，又都是我的朋友，我同情你們的獨立運動。（向妻）嗓子不行，你快倒杯茶給我。

妻 （倒茶，外面敲門）誰？别進來，開飯？等一等，小妹妹還没有回來哩。

夫 同胞們！

妻 喝茶！

夫 （向妻）别吵！（向窗外）同胞們，首先讓我向你們争印度獨立的戰士致敬，讓我向甘地、尼赫魯等一百四十幾個被政府捕去了的領袖致敬；這一把鮮花，是我的太太在極高興的時候買回來的，現在我把它獻給你們！（擲花，群衆聲音"哦……"）

妻 （遞茶）簡單點，扼要點！

夫　（就妻手喝茶）是是。（向外）印度應該獨立，早就應該獨立，現在正是最好的機會，帝國已經没有統治的力量了。

妻　聲音小點，不要太興奮！

夫　有一種巧妙的説詞，印度雖然應該獨立，却不應該在這個時候，這時候，同盟國正在跟軸心國打仗。這是什麼狗屁理論！印度獨立了，同盟國究竟損失什麼呢？印度有了自己的軍備，用自己的手保衛自己的領土，跟帝國、美國、中國、蘇聯一同跟軸心國打仗，同盟國的力量衹有更大些。現在用印度人組織的軍隊正在前綫跟敵人作戰，如果印度獨立了，那些武裝同胞，都變成了自由國家的人民，他們應該怎樣的興奮，怎樣的快樂，打起仗來，一定比現在更加十倍百倍的英勇；先就士氣説，也衹有增加同盟國的力量！

妻　話説得太遠了，太嚕蘇了。三言兩語。

夫　從帝國軍隊手裏，已經失去了香港、新加坡、緬甸，難道香港是因爲中國收回了所以失去的麽？新加坡、緬甸是因爲獨立了所以失去的麽？中國没有收回香港，馬來西亞跟緬甸都没有獨立，帝國軍隊却把這些地方輕輕送給敵國了；這就是説帝國政府已經没有力量保護它的殖民地，印度要不跟香港、新加坡、緬甸一樣落到日本强盜手裏去，就非自己起來保衛自己不可！

妻　喝口茶，喝口茶！

夫　（接茶，向妻）警察來了；軍隊也來了！（飲，茶杯放在窗臺上。）

妻　趕快結束！

夫　把傳單拿來！（向外）他們説，打完戰了讓印度獨立，這叫做“棺材過了，討挽歌郎錢”，騙三歲小孩也騙不信。第一次大戰的時候，多少小國上過這種話的當，印度現在再也不能再上當了。

妻　傳單！喂！傳單！

夫　這時候，帝國政府還不解除它加在印度人民身上的枷鎖，那就不是怕印度反抗帝國，倒是怕印度反抗日本，替日本削弱印度的力量。這道理，帝國政府未嘗不明白，可是他們覺得把一塊殖民地，從這個手裹轉到那個手裹是一件小事，殖民地獨立起來是一件驚天動地的大事。寧可把殖民地送給敵國，不肯讓它從自己手裹獨立，這叫做“寧贈友邦，不給家奴”！

妻 有個完沒有？趕快把傳單發了算了吧！

夫 （接妻手的傳單）今天的印度已經由卓越的領袖甘地、尼赫魯他們指出了光明的前途，我們要罷市、罷課，我們要政府立刻釋放甘地、尼赫魯等一百四十幾人！要政府立刻准許印度獨立，帝國政權立刻從印度撤退！（群衆歡呼騷動聲）印度的同胞們！我是一個帝國人，我同情你們的運動，願意永遠和你們站在一塊兒，無論遭遇到怎樣的命運，决不反悔，你們的命運不但得到我的同情，一定還會得到全世界被壓迫的民族的同情，全世界有良心的人類的同情。這裹是我寫的一點小文章，現在給你們看看，預祝你們的成功！（拋傳單，群衆騷亂聲）

夫 （問妻）還有麽？一齊拿來！連抽屜！（妻取抽屜給夫，夫向窗外倒。群衆更騷亂，槍聲）哦，開槍了，軍隊開槍了！這些從日本軍隊炮火下逃出來的孱頭們向赤手空拳的人們開槍了！他們就站在窗子底下。

妻 下來，下來！别叫打着你了！

夫 （向外）孱頭們：你們還是帝國人？不怕污辱了莎士比亞、拜倫、牛頓、達爾文這些祖先的名字麽？可耻呵！羞辱呵！今天非懲戒你們一下不可！（把手裹的抽屜向下拋去，下來，端起凳子拋去，檢起皮鞋拋去，拿起茶杯拋去）哈哈哈……（向妻）！這些傢伙們多麽無用，一茶杯打翻了六個，有兩個簡直爬不起來，你來看，還在那裹爬。（槍聲）哎呀糟了！（捧胸。）

妻 什麽？

夫 一顆子彈！從胸前打進去了！

妻 真的麽？哪兒？要我……

夫 你别！趕快給我拿棉花、紗布！

妻　糟糕，紗布、棉花在什麽地方呢？楊嫂！楊嫂！（打鈴，女僕上）趕快拿紗布、棉花來！先生受傷了！（女僕下）不要緊吧？（扳夫手）哪裹？没有！洞也没有，血也没有，完全好好的。

夫　背後也没有？

妻　没有。什麽也没有。

夫　胡説！清清楚楚看見一個人朝我開槍，清清楚楚覺得一顆子彈從胸前打進去。

妻　胸前痛嗎？（夫摇頭）背後痛麽？（夫摇頭）那還有什麽呢？

夫　真的麽？嗚嗚……（大哭）我是帝國人，我究竟是帝國人呀！帝國軍隊放出來的子彈都打不死人了！這老大帝國真要完了！

妻　豈不更好？

夫　不。現在還要打軸心國，還要帝國有大的力量！

女僕　（捧物上）太太，拿來了。

妻　不用了，先生没有受傷。

男僕　（抱小妹妹上）我們是警察，你説我們是警察。

妹妹　（五六歲，穿着黑色的制服制帽）敬禮，我細小警恰！

夫　警察？警察這麽快就來了！也好，我正要對警察講話。警察先生，我們都是帝國人，也就是最倒霉的人。我們的政府、國家，不是靠自己的力量生存的，是靠壓迫别的民族生存的。爲了這，還用鴉片、嗎啡、《聖經》、大炮去戕害人家的肉體，麻醉人家的靈魂，摧殘人家的生命！現在，印度人要求獨立了。這是應該的，我們也應該結束那些羞辱的寄生生活了，我們也該幫助印度人，幫助幫助他們的人們，至少，也不要對政府太盡職了。

妹妹　你説醒麽？

夫　一定要盡職麽？那也没有什麽，遲早會有這一天的，就跟你去！（向妻）我連累你了，你的學校、慈幼院、講習班……

妻　你你……我們這麽快就……（撲上。）

妹妹　媽媽，你還哭醒麽呢？

妻 誰?

妹妹 細我呀。

男僕 小妹妹放了學,(放下)我去抱她回來的。

夫 奇怪,剛剛明明看見是警察、大塊頭,雄赳赳、氣昂昂的!

妻 我也是,原來是小東西,誰跟你穿的這一身衣服?

女僕 開飯麼,太太?

妻 還要問?

夫 阿櫟,街上那麼多人,没有嚇着小妹妹吧?

男僕 没有什麼人哪,先生! 正熱的時候,走路的人很少。

夫 什麼? 幾千人唱歌,喊口號,我們還對他們講演,發傳單給他們,軍隊還開槍,現在一定還没有散。

妻 讓我望望。真的,一個人都没有,衹有商務印書館,桂林中學門口纔有幾個學生。

夫 什麼桂林中學?

妻 桂林中學就是桂林中學,簡稱桂中,還有别的麼?

夫 這加爾各答怎麼跑出桂林中學來了呢? 阿櫟,這兒是桂林?

男僕 是的,先生,桂林桂西路。(下。)

夫 你信不信,我覺得今天什麼事情都顛顛倒倒,糊裏糊塗。

妻 我想,我想,該不是做夢吧?

夫 真的麼,該不是做夢吧? 如果是做夢,我恐怕就不是帝國人了! 我覺得我,我似乎向來就不是的。

妻 對了,我也一定不是印度人。

夫 那麼我們是……哦,小妹妹,我們是哪國人?

女 借都不曉得,細中國人哪!

夫 可不! 是中國人。

妻 豈有此理,攪得連自己是哪一國人都不曉得! 一定是做夢。

夫 既然不是帝國人,就無論怎樣同情印度獨立,都不怕誰説是民族叛徒;帝國政府的刑罰也加不到我的頭上來了。

妻　我也不怕誰拆散我們，妨害學校、講習班、慈幼院、托兒所了。

夫　這真幸福，我不是壓迫殖民地的那種國家的人民。

妻　我也不是殖民地的婦女！

夫　小妹妹，來跟爸爸親一下！

妻　不！先跟媽媽親！（夫妻搶吻小妹妹。）

女　啊！

（劇終）

獨夫之最後

幕開：監房中衆囚犯身穿背心有號碼的囚衣（號數與點名時的秩序相同），脚帶鐵鐐，凌亂坐着。從監房門的鐵檻，可望見外面正有兩三個人的胸部以上，其一爲典獄吏，一爲獄卒，餘亦爲獄卒之類人物。其時爲某日之清晨。

獄卒 點名了。（以棒敲鐵檻）點名了！站起來！（衆囚犯站起，惟一人尚靠墻垂頭坐着。）

典獄吏 紂王！

紂王 有！

獄卒 到左邊去！怎麽，規矩又忘記了！大家站在右邊，點到的就去到左邊。點一個，過來一個。重新再來。

（衆都站到右邊，以後動作如獄卒所説，惟一人例外。）

典獄吏 紂王！

紂王 有！

典獄吏 楚平王！（半晌）楚平王！

獄卒 楚平王！楚平王怎樣了？

紂王 他病了，他正發高熱，他説胡話！

（獄卒開門進房。）

獄卒 楚平王！楚平王！

楚平王 （囈語）哎喲哎喲！嗨喲嗨喲！啊呀啊呀！這是什麽聲音！

獄卒 楚平王！楚平王！

楚平王 （向卒）費無忌，你這狗，聽見了没有？那墻外聲音！叫了幾天了！去叫他們停止！誰要再叫，就把誰捉來，就殺掉誰！

獄卒　（冷笑）看你這樣子，你還殺掉誰！清醒過來！別裝蒜了！

楚平王　你曉得是誰在叫麼？曉得爲什麼叫麼？是一些苦力，正在那墻外面跟我們造斷頭臺！

獄卒　是的，不錯！是跟你們造斷頭臺！誰説你説胡話！好好地聽點名！

楚平王　哦！斷頭臺！把你，把我，全拉上去，把脖子放在那當中有一條長縫的横木上；把機關一扳動，那吊在半天雲裏的刀不像刀，斧不像斧的東西就“拍”一下子掉下來，切斷脖子，頭滚在一邊，身子倒在另一邊，血濺到四處！

獄卒　是的，是這樣！可是，這是你們的事，與我不相干，我可不奉陪！

楚平王　與你不相干？你想得多天真，多美滿！誰不知道我做的事都是你調唆的，他們會饒過你！就算與你不相干吧，費無忌呀！你要没有大王了，没有主人了，你這忘恩負義的狗！

獄卒　媽的！你駡誰？（一個耳光。）

紂王　這是幹什麼？他病成這樣了，人都不認得了，以爲你是費無忌，你還打他！

楚平王　好！打得好！天哪，誰想得到呢，今天動手打我的，不是别人，倒是我的寵臣費無忌！

獄卒　哦！他以爲我是費無忌，費無忌是個人名字，我還以爲他駡我是廢物咧！（摸楚額）哦！真燒得厲害！（向典）報告，楚平王病得起不來了！

典獄吏　好，由他！（卒退回門外）重新再來！紂王！

紂王　有！

典獄吏　楚平王，隋煬帝！

典獄卒　隋煬帝！

隋煬帝　有！

典獄吏　尼羅！

尼羅　有！（低聲）正在做一首詩，把我的詩興打掉了！

獄卒　不要説話！

典獄吏 查理第一！

查理第一 有！

典獄吏 路易十六！

路易十六 有！

典獄吏 希特勒！

希特勒 有！其實何必喊呢，總認得我的小胡子的！

獄卒 多嘴！

典獄吏 慕索裏尼！

慕索裏尼 有！

獄卒 一、二、三、四、五、六、七、八，一共八個，一個不少。

（典、卒等下。）

希特勒 八個，够了！八個還不够麼？我們這種人，衹要一個兩個，就可鬧翻全世界；有了八個，就會把整個地球都毀滅了！多謝這牢獄，怕我們没有力量，怕我們不曉得團結，怕我們没有機會見面，把我們不同國度、不同時代的人關在一塊兒！給我們介紹！讓我們接近！好，猶太人們啊，除非永世不讓我們出去，一出去，你們什麽都没有了！

尼羅 你放心，他們已替我們預備好斷頭臺了！

紂王 斷頭臺？他們真地預備斷頭臺麽？

尼羅 還有什麽假的呢？你没有聽見楚平王的話麽？他有經驗，聽見那墻外的喊聲，就曉得他們在做什麽動作。那些喊聲，跟他從前替别人造斷頭臺時的聲音是一樣的。他被這件事嚇得病倒了！

希特勒 你没有聽見那猶太人的話，我是説那看守，你信不信，造反的、管牢的、做强盗的、做劊子手的、一切世上的惡人、賤人，全是猶太人；那猶太人剛纔在這兒，完全證明楚平王的話是正確的！

查理第一 那不是説我們都要給拉去砍頭了？

隋煬帝 砍頭？（摸頭）這麽好的頭該誰砍？

路易十六 啊啊！砍頭！跟楚平王説的那情景一樣，把脖子放在什麽地方，那斧子“拍”一下子掉下來……那多可怕，天哪，那多可怕！死有什麼呢，别的死法都可以，衹要不砍頭！

紂王　妲己！妲己！你在什麼地方？我要拉去砍頭了，你在什麼地方？我要是能够再見我的妲己一面哪！諸位！你們聽見説過妲己麼？看見過我的妲己麼？那真是天生的尤物，人一看見她，就渾身都酥軟了！我們這種地位的人，應該懂得權力這字眼；對我説，另外的權力是不存在的，衹有女人。至美的女人，纔是至高無上的權力。她使你不能在她之上，不能跟她并肩，衹有低頭，衹有匍匐，她説什麼就是什麼，要怎麼辦就怎麼辦。她也真是個創造者，她教我創造了肉林、酒池、蠆盆、炮烙……諸位難友，要是有這麼一天，我真要你們去共享那肉林、酒池；參觀那炮烙、蠆盆的場景，并且我叫我的妲己出來拜見你們。妲己！我的妲己喲！現在在什麼地方呢？

隋煬帝　美的女人不足爲奇。美得嬌憨，美得傻裏瓜氣，纔算是美中美，奇中奇！我敢説，我的袁寶兒是不但美，并且嬌憨的。她叫你愛不是，恨不是，喜不是，怒不是，心裏癢癢的，又無法搔抓！至於肉林、酒池，是粗人們纔喜歡的；炮烙、蠆盆，弄得鬼哭神號，使人敗興！衹要我們能自由，我請你們去我的迷樓裏玩玩，包你們進去了不曉得出來。再不然，咱們到揚州去看瓊花。瓊花，你們没有看見吧，那是天下最奇的寶貝，許多年開一次，開了又衹一兩個鐘頭就謝了。那花有小圓桌面那麼大，每匹花瓣白得像雪，脆得像玉石，敲起來會錚錚地響。去看花的路上也好玩，在運河裏走船。運河，你們知道麼？就是我爲了看瓊花特爲叫麻叔謀開的運河呀！叫一些年輕的娘兒們穿着花衣服拉縴。女人，你們懂不懂，衹有美的女人纔須看正面，其他的，衹看背影就行了；不美的女人，背影也常常不錯的。穿着緊緊的花衣服，露出雪白的腿，拉縴的時候，腰杆兒這邊一扭，那邊一扭，那纔好看咧！

尼羅　好看有兩種：一種是美觀，一種是壯觀。天下最壯觀的莫過於羅馬的競技場。坐在自己的寶座上，看人與人鬥，看人與獅子鬥，看獅子、老虎、野獸吃人，吃那些奴隸們，吃那些基督徒們！豹子、老虎咆哮，人們驚恐、哀號、抵抗、逃跑，終於被摔倒、撕碎、吃掉，那比炮烙、蠆盆要好看得多！最美觀的就是大火，看那些鮮紅的火舌舐着高大的建築，看那些妍艷的光彩把黑夜照成白天，看那些人們、女人、孩子，在火光裏奔跑、喊叫、號哭，千變萬化，簡直是地上的朝霞和暮靄。有一次，羅馬發了大火，我傳旨不許救，誰救火就殺誰，讓那火自由自在地燒，足足燒了三個月，把全羅馬，除了我的王宮，都燒光了。哦哦，那纔過癮咧，我足足鑒賞了三個月。我天天喝酒，天天做詩，你們還不知道吧，我是世界上最偉大的詩人！要是現在還有那樣大的火看看就好了，哪怕就是在這牢獄的小窗口看看。我還要喝酒，還要做詩，我要喊：燒吧！燒吧！把世界都燒光吧！把那些暴民，叛賊們都燒死吧！把這死囚牢也燒掉吧！哪怕我自己也逃不掉！

查理第一 瞧這些享樂主義者！説得多没出息、多寒傖，好像誰没有見過女人，没有看見過好看東西似的。一個君主，最重要的是建立、鞏固國家的權力，把臣民們的一切都控制在自己手裏，無論是軍事也好，教育也好，司法也好，財政也好。哦，財政尤其重要，它就是權力本身！——請問：養軍隊，要錢不要？買軍火，要錢不要？養官僚，養收税的，養差役，要錢不要？養憲兵、警察、特務、間諜、管牢的、劊子手，要錢不要？還説句私話，養妲己，養袁寶兒，養外室，養伺候她們的太監、宫娥、彩女，要錢不要？因此，一定要有一個好的財政政策，把黄金、白銀、外鈔，從農民手裏，從工人手裏，從商人手裏，從中小資本家手裏奪過來，有了錢什麽都好辦了。光有政策還不够，還要有不怕人民反對，厲行這政策的决心；要有不怕收回自己的諾言的厚臉皮，我就答應過四項諾言，一項也没有兑現。此外，還有靠得住的執行人，最靠得住的就是得力的兒子，他不會有二心，掙得的東西，終久會是他的。不說别的，就祇摸摸他的頭頂，拍拍他的背，咬一句文：“此吾千里駒也！”或是説句南京話：“乖乖！”也是人生一樂！那樂，并不比他的媽媽給的少。

希特勒　這些算什麽要緊事？對於我們這種人，最要緊的，就是戰争，最神聖的就是戰争！

慕索裹尼　戰争是外科手術。把那些低劣的人種，軟弱的民族，猶太人，有色人，用戰争從這世界上割掉！

希特勒　什麽是人？人是從猴子變來的！

慕索裹尼　現在的人比猴子還要猴子！

希特勒　他們是應該超過的，是應該有人從他們頭上踏過去的！

慕索裹尼　他們的存在是爲了犧牲，爲了完成偉大的人！

希特勒　偉大的人就是强者，就是那敢於發動戰争，進行戰争，終於在戰争中得到勝利的！

慕索裹尼　這世界是强者的世界，是戰勝者的世界！弱肉强食，天演公例；强者延綿，弱者絶種，是優生學的原則！

希特勒　鏟除一切反戰分子！

慕索裹尼　連一個也不教剩下！

希特勒　肅清一切反戰的文化思想！

慕索裹尼　提起文化思想，我要掏出我的手槍！

希特勒　剥奪那些先天的弱者婦女們的一切權利！

慕索裹尼　把那些泄欲的機器、生産孩子的機器趕回家庭去，趕回厨房去，趕回男人的被窩裹去！

希特勒　摧毁全世界最大的弱者的堡壘，和平的堡壘——蘇聯！

慕索裹尼　進攻蘇聯！征服蘇聯！征服一切親蘇的、保衛和平的民主國家！

希特勒　殺死史塔林！殺死羅斯福！

慕索裹尼　根絶全世界的赤化分子，民主分子，和平分子！

希特勒　納粹萬歲！

路易十六 可是你們的肉林、酒池、迷樓、瓊花到哪裏去了呢？妲己、袁寶兒能給你們什麽安慰呢？炮烙、蠆盆、競技場、財政政策、戰争的結果又是什麽呢？什麽都不是，衹是等着我們的斷頭臺！

希特勒 斷頭臺，斷頭臺有什麽要緊呢？在你説的那挂在半天雲裏的東西掉下來以前，是還什麽都説不定的。相信不相信，無論什麽時候，都會有奇迹發生；歷史這東西就是無數偶然的奇迹的連續。比如我，本來衹想在一個小地方當個中學教員就心滿意足了的，要不是一個女人打了我一個耳光，也許我現在還在當中學教員。你們看見過成千成萬的群衆向一個中學教員敬禮麽？向一個中學教員歡呼萬歲麽？我敢説，誰也没有看見過！但是一個耳光就叫一個中學教員變成一國的元首了。偶然的奇迹，現在一定還在醖釀。説不定哪位看守、哪位猶太人偶然忘記鎖門（試開牢房門）；説不定以前關在這房裏的誰私藏着一根鑰匙在什麽地方（向四壁搜尋）；説不定我們還有黨徒剩下來給我們劫牢，劫法場；説不定羅斯福跟史塔林自己打起來，把我們忘了；説不定那些傻瓜忽發奇想，下來一道大赦令；説不定這小窗口忽然出現一個送好消息來的人！

（小窗口果然出現一個面孔，是那曾站在典獄背後的看守之類的那人的面孔。）

面孔 （低聲）萬歲！萬歲！

希特勒 如何，諸位！一個大人物，真像金口玉言，有鬼神相助似的，説什麽就是什麽，奇迹果然出現了，你説，你送來的什麽好消息？

查理第一 喊誰？我們這兒全是萬歲。

希特勒 那倒不盡然，我們不希罕這種落後的稱呼。

慕索裏尼 歡呼的時候又當别論。

楚平王 就是我也衹須喊千歲就夠了。

面孔 我喊尼羅王萬歲。

尼羅 什麽事？

面孔　還有隋煬帝萬歲。

隋煬帝　是送東西，還是消息？

面孔　萬歲們知道外面的情形麽？幾天來那墻外面荷嘿荷嘿的，那是給萬歲們準備斷頭臺咧！

路易十六　知道！

面孔　今天没有那聲音了。

查理第一　不造他媽的斷頭臺了？

面孔　不是。是已經完工了。

紂王　你是説已經造好了。

面孔　是。劊子手早已來了。衹等群衆一集合齊全，就要來提人，再過一個鐘頭，頂多兩個，萬歲們就要歸天了。

楚平王　哦！再過一個鐘頭，頂多兩個，我們就要上斷頭臺了！爲什麽呢？他們，希特勒、尼羅、紂王，全是殺人不眨眼的混世魔王，上斷頭臺是自作自受。我，我楚平王，一向是忠厚老實人，自己從來不曾有過殺人的想頭；如果殺過人，都是費無忌叫殺的。我如果也算犯罪，不過意志薄弱，禁不起别人拍我的馬屁。别人拍我的時候，我不覺得；有時候覺得也逃不脱那軟綿綿、甜蜜蜜的無形的圈套；而且聽那樣的話聽慣了，别的話也聽不來。就衹這樣，就送了江山還不算，還要上斷頭臺麽？死，不怕，病得這樣子，也衹欠一死了；可是上斷頭臺，連全尸也得不到，太可怕了！太可悲了！天！祖宗！讓我快點死吧！快點斷氣吧！

路易十六　就是我，豈不也完全冤枉的麽？我的祖先，有的是很專制的。他説“老子就是國家!”但那不是我呀！我有一個巴士底炮臺監獄，但那也是老早就有了，不是我造的呀！我没有炮烙、蠆盆，没有叫野獸吃人，没有用什麽特别的財政政策壓榨老百姓，没有發動戰争，爲什麽也要上斷頭臺！我的不幸就因爲我是路易十四、十五的後代。這太不公平了！

希特勒　鎮静點！説不定還有奇迹在後面咧。他還没有説完，先就怕成這個樣子！

慕索裏尼 真孱頭，簡直弱得跟女人一樣！

面孔 萬歲們平常總是殺别人、殺臣子、殺老百姓，衹要金口一開："把某人推出午門斬首！"金瓜武士們連忙喊喝一聲，那個人的腦袋就會不在脖子上。今天，想不到吧，金瓜武士、御林軍，都不知到哪裏去了，萬歲們自己的龍頭要被老百姓給砍下來了！

查理第一 滚開！

面孔 可憐的是萬歲們的那些正宫娘娘們、東宫娘娘們、夫人們、公主們，誰不長得又嬌又媚，像天仙一樣，吃慣好的，穿慣好的，過慣好的日子，現在也關在牢裏，哭得跟泪人兒一樣。她們有的也活不久了，有的跟别人睡去了，有的將要跟人家去！

路易十六 鬼扳起你的口了！

紂王 哦，你看見我的妲己娘娘没有？

面孔 看見過。妲己娘娘是個狐狸精，誰碰見她都會倒霉。我們那個好典獄吏給迷住了，曾放她出來在自己房裏過了一夜，弄得丢了差事，下了牢，還要問罪。你不見，今天來點名的是個新典獄吏了！

紂王 王八蛋！

面孔 那倒不至於；不過是王八罷了，要下一代纔是蛋。

尼羅 你究竟是什麽意思？

面孔 没有什麽意思。聽，外面的人聲，（外面果然有喧嚷聲）那是群衆在集合了。娘娘們也都提到刑場上去了！

衆人 怎麽？她們也……

面孔 莫着急，她們是被准許去送萬歲們歸天的。

衆人 多殘酷！

面孔 有幾個萬歲們的忠實的奴才，憐憫萬歲們受到一刀之苦，花了許多錢，買活幾個人，叫我來……

衆人 救我們！

面孔 送一點東西，瞧，這一個小包是尼羅王萬歲的。

尼羅　我的？（接過）是什麼？

面孔　這一個小包是隋煬帝萬歲的。

隋煬帝　哦哦。拿來！（接過。）

面孔　這是毒藥，吃了，一刻鐘之内，就死。請用吧，它可保你一個全尸！

衆人　我們呢？

面孔　没有啊。哦，還有希特勒閣下的，是一支手槍，裏面有一顆子彈。這更好，比藥還快些！

希特勒　拿過來！（接過，檢視。）媽的，當真衹有一顆子彈！如果多有幾顆試試，我可以把你們都救出去！現在，唉唉，衹好用在自己一個人身上了！不過這也算得一個小小的奇迹，總比給砍掉腦袋好！

隋煬帝　現在有藥了，什麼都不怕，天子自有天子的死法，我的腦袋誰也砍不成！

尼羅　一個偉大的詩人，砍掉腦袋太煞風景了！

面孔　各人的東西都點清楚了？

隋、尼、希　點清楚了。

餘人　我們的呢？

面孔　你們的，别人還没有交給我。再見，尊貴的萬歲們，恐怕有人來了。

希特勒　且慢且慢！有幾句話跟你説説。

面孔　什麼話？

希特勒　（手勢）你有這東西没有？

面孔　什麼？你們説鑰匙麼？開門的鑰匙？有！有！

希特勒　（手勢）那麼這東西呢？

面孔　開鐐的鑰匙？鎚子？有，當然有！

希特勒　你能把那東西拿來？

面孔　什麼？你們想越獄？想逃跑？

希特勒 成功了，我們以八個國家擔保，要什麽是什麽，金山、銀山，隨你要！

面孔 用不着！用不着！真的，一條最重要的好消息，倒忘記報告了。萬歲們不必擔心，外面什麽都布置好了，準備來接你們，一到時候，自然有人開門，自然有人來替你們開鐐，招呼你們離開這該死的牢獄，那時就自由了！

希特勒 胡説！既然這樣，爲什麽還要送藥送槍給我們呢？

面孔 那衹是防備萬一的。我本應該把那消息先報告，東西後遞給你們。不過我心慌意亂，把它弄顛倒了。不，不是，我先報告了的，不過報告得不清楚！

希特勒 胡説！那要有武裝配備的。

面孔 有！不是説過麽，都布置好了！

希特勒 要有群衆接應。

面孔 多的是群衆。

希特勒 要有内應。

面孔 都是内應，我自己就是一個。

希特勒 當真？

面孔 一點不假。

希特勒 他們什麽時候來？

面孔 立刻，總在上斷頭臺之前。再見！（消失。）

希特勒 如何，諸位？我説會有奇迹吧！楚平王、路易十六，不要悲哀了吧！我們得救了，我們通通得救了！我們一出去，世界又馬上還了原，以後上斷頭臺的就不是我們，倒是史塔林、羅斯福了！唉唉，人是多麽糊塗的東西喲，衹要稍微想一想就可以明白的，像我們這種大人物，怎麽會輕易死掉呢？你説是天也好，是上帝也好，什麽都好，它在我們出世之前，早就爲我們安排好了許多奇迹，第一奇迹、第二奇迹、第三還是奇迹！

慕索裏尼 奇迹萬歲！

面孔　（重現）哦，還有一句話忘記了説，就是：那些來開門的，下鐐的，招呼你們出牢的，就是來提你們上斷頭臺的！（消失。）

希特勒　哦！這狹促鬼！一定是猶太人！

慕索裏尼　我説沒有這種好事！

獄卒　（在門外）慕索裏尼！

慕索裏尼　有！怎麽？頭一個就是我！

獄卒　朱彼德上校來見你！

（門開，獄卒引一軍官上。）

軍官　慕索裏尼閣下，我是朱彼德上校。

慕索裏尼　什麽事？

軍官　我奉上峰命令，帶慕索裏尼閣下離開這牢獄。

慕索裏尼　到哪裏去？

軍官　到一個廣場，那裏有十二個神槍手等候服侍閣下。

慕索裏尼　也好，總算不必上斷頭臺。不過上校！

軍官　閣下！

慕索裏尼　你知道我在意大利政治舞臺上，不會完全沒有力量？

軍官　完全明白，好像我知道我自己有十個指頭一樣，閣下！

慕索裏尼　如果你肯想辦法試試我的力量，我會再給你一個王國！

軍官　謝謝！意大利人民已受够了閣下的王國的恩典，現在正要報答閣下一個……

慕索裏尼　什麽？

軍官　天國！

慕索裏尼　那麽，諸位難友，再見，我要先走一步了！

獄卒　嚕蘇什麽？

（押慕隨軍官下。衆人淒惶地目送他們的背影。）

尼羅　（目隨）怎樣？是時候了吧？

隋煬帝　請！唉唉，要是有一杯開水就好了！

（一同吞藥。）

（獄門開開，現出典獄吏、獄卒、其他刑卒。）

典獄吏　紂王！

紂王　有！

獄卒　出來！到外面下鐐！

紂王　唉唉！就這樣了麼？就這樣了麼？妲己！你在哪裏呀！要是早聽你的話，把姬昌那傢伙殺掉就好！（一刑卒上，將其擒下。）

典獄吏　楚平王！楚平王！

獄卒　楚平王！（進內）楚平王！（撫楚）媽的！冷都冷了！想是早就斷氣了！報告：楚平王暴斃了！

典獄吏　隋煬帝！

隋煬帝　有！（目尼）咱們要走慢點，在路上藥性發了就好了。看看誰能砍我的頭！（欲倒，一刑卒上，將其擒下。）

典獄吏　尼羅！

尼羅　等等好不好，還有一句詩，祇差一句："羅馬的大火呀，你是永遠不滅的！"

獄卒　快滾出來！

尼羅　莫凶！現在老子不怕你了！跟萬歲爺帶路。（欲倒，被擒下。）

典獄吏　查理第一！

查理第一　克倫威爾！没有殺死你，是我一生最大的錯事！這一回算你勝利了，咱們下一輩子見！（被擒下。）

典獄吏　路易十六！

路易十六　有！完了！看，我還這樣年輕！讓我活着吧！我願意做一個老百姓！唉唉！我爲什麽生在帝王人家呢！（被擒下。）

典獄吏　希特勒！

希特勒　輪到我了！奇迹呢，最後的奇迹還不出現？我還以爲是一個噩夢，原來都真的！好，祇好讓我自己來造奇迹了。（出槍）别動！誰進來就打死誰？（門外慌亂）猴子們！一個大人物要從你們頭上踏過去了！（開槍，砰！一聲倒地）（門外人慌亂地喊叫：有人説

“他自殺了！”有人說：“哪來的槍?”隨即多人進内檢視。)

裏面的聲音　伍子胥將軍到！

(伍子胥戎裝執鞭上，除獄卒侍立外，餘逡巡下。)

伍子胥　在哪裏?他的尸首在哪裏?(向尸)哦，楚平王，你死了！你死得好！你這無道昏君，殺死了我的父親，殺死了我的哥哥，殺死了我的全家大小，殺死了無數的楚國的臣子和人民，我被你畫影圖形，懸賞通緝，白天隱藏，夜晚趕路，跋山涉水，討米叫化；爲了搭救我，幫我逃命，死的人都不知多少；我自己四十來歲的人，頭髮鬍子全白了，兩眼昏花了！衰老得跟六七十歲的老頭子一樣！我犯了什麽罪?我的父母犯了什麽罪?我的兄嫂犯了什麽罪?我的妻室兒女，全家老幼犯了什麽罪?楚國的人民都犯了什麽罪?你殺，殺，殺！殺得鷄犬不留，神嚎鬼哭！今天，正要替我，替我一家人，替那些爲我而死的人們，替全國被殺害的人民報仇、雪恨，把你的腦袋砍下來，你却自由自在地自己死去了！你不能死！你死不了！你得活轉來！我要你活轉來！你死了也逃不了，我决不會饒你！我饒了你，就算饒了天下後世的一切獨夫、暴君、民賊、罪魁、禍首！睁開眼睛！看是誰站在面前！我要打你！我要把你的尸首打成肉醬！(鞭打。)

獄卒　報告將軍：這是希特勒的尸首。

伍子胥　怎麽，是希特勒?他也死了?怎不早説?好，也一樣，他正是天字第一號的戰犯！跟我把楚平王拖過來！

獄卒　是！

(拖楚尸，伍憤怒鞭打。)

(下幕)

一九四八，一〇，一四，香港

小鬼鳳兒

人 一泓 女。二十六七歲。編劇、導演、演員。

英蘭 女。二十五六歲。青年隊指導員。

淘氣 男。十一二歲。流浪兒。

鳳兒 女。十三歲。農女。

鳳兒的媽 四十餘歲。農婦。

小秀 女。二十歲以内。農村幹部。

女演員 二十許。學生。

另一女演員 同上。

男演員甲、乙、丙、丁 同上。

音樂員若干人 同上。

客人 男。六十許。富農。

黄元 男。五十幾歲。鳳兒的後父。没落的小地主。

以上諸人的服裝，除淘氣、鳳兒受劇情規定以外，鳳兒的媽、小秀、客人、黄元，都是農民式。小秀可穿新衣，因爲結婚不久；客人也可穿新衣，因爲作客。鳳兒的媽當較破爛。其餘一泓、英蘭、演員、伴奏員等，一律軍裝。

地 延安。

時 抗戰勝利前不久。其間第二幕距第一幕約一星期。第三幕距第二幕約十餘天。第四幕與第三幕爲同日。

景 第一幕 一個窑洞裏面。

第二幕 那個窑洞的外面。

第三幕 同第二幕。

第四幕 另一窑洞的外面。

第一幕

幕開：一泓和英蘭在一個窑洞裏面共同創作一個劇本。二人皆着灰軍服，短髮、科頭、布鞋。英蘭打綁腿，一泓鬆褲脚。天熱，領扣解開。英蘭揮蒲扇，來回走動，口述臺詞。一泓坐在一個方桌面前，一面哺嬰，一面執筆，等候爲臺詞作紀録。桌上有茶壺茶杯、文房四寶、書與稿紙，相當凌亂。自臺下望之，臺上適爲窑洞之前半横斜面。一端爲門，門上及兩旁皆有窗格，較下諸格糊以白紙，室内光綫皆從此入。門虚掩，演員上下皆由此。洞中陳設：摇籃、椅、凳、書架、衣櫃，皆粗劣。燒水用具——水缸、水瓢、水壺、爐子等物，也都富有鄉土風味。惟梳洗用具——臉盆、毛巾、鏡子之類較精。墻上貼有馬、恩、列、斯、毛及莎士比亞、高爾基、魯迅等人畫像，大小不一。尚有雙人影片一幀，用鏡框。室内印象，除正從事寫作之方桌上外，均整潔。

英蘭　（演説式）一個女人，一生下來就被一個看不見、摸不着的鏈子箍住，一生下來就成了奴隸！她的第一個主子是父親，第二個主子是丈夫，第三個主子是兒子。

一泓　英蘭，（望着英蘭忍俊不禁地笑。）

英蘭　父親管束她，丈夫拷打她，兒子欺侮她。她的脚是小的，跑不動路！她的身體是弱的，没有氣力！她的腦筋是糊塗的，没有知識！她的心是軟的，没有勇氣！她不會反抗！不敢反抗！

一泓　英蘭，英蘭，聽我説！（以筆敲桌。）

英蘭　那鏈子就永遠箍住她，緊緊地箍着她，不讓她有一點兒自由，不讓她有一點兒幸福，一直到死！

一泓　不對！英蘭，完全不對！聽我説，完全不是這麽一回事！

英蘭　現在婦女翻身的日子來了！八路軍來了！你的脚小？八路軍叫你

放脚！你没有力氣，八路軍教你鍛煉身體，教你上操！你没有知識？八路軍教你識字，教你讀書！你心軟？八路軍給你精神武裝，精神援助！全國的姊妹們，起來！掙脱那無形的鎖鏈！讓我們成爲獨立、自由、幸福的新婦女！讓我們成爲我們自己的主人！

一泓 （蹙眉）怎麽回事，我的指導員！

英蘭 八路軍要解放全民族，要解放全國人民，要解放全體婦女！八路軍萬歲！共産黨萬歲！毛主席萬歲！

一泓 （笑着鼓掌）好好！

英蘭 （也笑）戲劇家水一泓同志萬歲！

一泓 好好的一個劇本，要是用你這些話來收尾，就把整個都破壞了！

女演員 （推門進）一泓同志，人都到齊了！

一泓 好好！先把劇本默一默，别叫排到半途還要翻本本兒！我馬上來，把門帶好！（女演員退。）

英蘭 （笑）怎不把你的生活也寫個劇本？瞧，真是戲劇家的生活咧：屋裏面在創作劇本，屋外面就在催排戲！

一泓 （笑）要是值得一寫，怕不早寫了！現在是你們人民英雄的時代，我們知識分子往哪兒擺？

英蘭 （笑）廢話！誰叫你是有錢的小姐呢？——怎麽你剛纔説把劇本破壞了？

一泓 以前你説的，都是現實生活裏的，活靈活現的話。現在這一段，却是理論，是文章，是演説詞，在作品上叫做標語口號，公式八股。

英蘭 一個女人，她先是叫化子一樣的人家的女兒，賣給一個富農人家做小媳婦兒，從十來歲起就過着牛馬一樣的生活，受盡了婆婆的折磨，挨盡了丈夫的打駡！後來八路軍來了，她得救了，翻身了，從牛馬變成人了，從一個大字不識的人變得有知識了，參加抗戰了，成爲革命隊伍中的工作者了。這時候，她要喊："八路軍萬歲！共産黨萬歲！"這就叫做標語口號，公式八股？這道理我不懂！

一泓　不是這樣説……哦，小傢伙睡着了！（掩上衣服，把嬰兒放到摇籃内）藝術這東西，不貴乎直接喊叫。

英蘭　可是這時候，我有喊的情緒。

一泓　我知道。我也有喊的情緒。可是在劇本裏面，這劇本規定，這時候，你不是站在講臺上，不是站在群衆面前；却是面對着一二個同志。和一二個人談着談着，突然舉起手來，扯起喉嚨喊："共産黨萬歲！"這樣的事，在現實生活裏是很難有的。因此，寫在劇本裏就不合理，會給觀衆以滑稽的印象。

英蘭　不對，不對，在劇本裏雖然不在講臺上，不在群衆面前；但事實上，我却站在舞臺上，站在觀衆的面前。戲演到這裏，觀衆雖然不做聲，心裏一定先感受到了一種壓迫，因爲看見那女主角在受罪；後來又感受到了一種除去壓迫的鬆快，因爲八路軍把她解救了。但是這鬆快隨即變成一種新的壓迫，就是他們心裏，不自覺地，情不自禁地，有一句話要喊出來："共産黨萬歲！"因爲他們衹是觀衆，不是演員，不能喊。於是我替他們喊出來！於是，他們又會得到一種新的鬆快，并且因爲這鬆快而興奮起來。我們不應該拘泥那劇情的合不合理！這場合，劇情是次要的，組織觀衆的情緒，應該放在第一位。

一泓　你這意見很好，（聽見嬰兒哭，連忙摇摇籃）唔唔唔，寶寶睡覺覺哦！唔唔……指導員説：一個女人是奴隸喲，唔唔！……這小傢伙好漂亮，跟他爸爸一樣的相。唔唔……第一個主子是父親囉，唔唔……第二個主子是丈夫哦，唔唔……第三個主子是兒子喲，唔唔！……你就是我的第三個主子喲，唔唔！……第三個主子跟第二個主子一樣的相呵，唔唔！……又睡着了！你的意見很好，很新，有作爲參考的價值。不過如果真把你剛纔的演説詞寫進去，咱們這劇本的重心就改變了！

英蘭　什麼意思？

一泓 這劇本的主要的意思，聽清楚，我是説主要的，不在歌頌八路軍或者共産黨。不錯，你的得到解放，主要的是因爲八路軍，但另一方面，也由於你自己的覺醒，自己的努力奮鬥。没有這，衹有八路軍的力量，你還是未必能得到解救。現在的邊區，還有許多婦女没有變得跟你一樣，就是個證明。因此，劇本的重心，要放在唤醒婦女，促進婦女的努力，作用纔大。要是衹顯出歌頌八路軍來，也許會給觀衆一個相反的印象：反正八路軍來了是會解放的，用不着努什麽力，坐在家裏等他們來好了。那豈不很糟？

女演員 （推門露頭）一泓同志！

一泓 哦哦，稍爲等一下？你看，英蘭同志和我合作的劇本，馬上完篇了，衹差最後一段，衹要五分鐘！（推女演員下，掩好門。）唉唉，真是！

英蘭 你去排戲吧！讓我一個人在這兒好好地想一想。

一泓 也好。（小娃又哭，她又摇）呃，這傢伙今天特别吵人！唔唔！呀，他拉了，難怪！小娃娃簡直是直腸子，剛纔吃的，一下工夫，就拉了。把那邊的片子遞過來！（英蘭遞片子，一泓替小娃娃换片子。）

英蘭 你找的引娃的怎麽還没有來？

一泓 可不？前幾天就説來的，還没有來！昨天王老漢來説，有一個男孩子，今天可以送來，現在也還没有來。没有引娃的，這“第三主子”就真像一根無形的鏈子，拴得緊緊的！（又摇摇籃）唔唔唔！……這是我的一個大勝利，你説我們合作不成功的，怎樣？唔唔唔，乖乖睡覺覺喲！現在總算完成了吧，衹差一段話，無論怎樣寫，也不費事了，這兩天，我要從頭到尾，過細修改一道。我相信不太壞。可是找誰來演呢？應該找幾個好演員。

英蘭 主角當然由我自己演。

一泓 你自己演？我的指導員！儘管你是個很好的工作者，却不一定是個好演員。

英蘭　你忘記了并不是演别人，是演我自己。誰還能比我更像我自己呢？

一泓　那可没有準兒！首先，做小媳婦兒的那一幕，非找個十一二歲的孩子不可，這不用説。就是成人以後，你也衹能演最後的一幕；在家裏受氣的那一段你不會演得像，寫的時候，我就看出來了。你自己不知道你究竟有多大改變！你現在渾身都是知識分子氣，誰看得出你還有那麼一大段歷史！再説，這回我想找幾位莊稼婦女來演。我們不但演戲給她們看，還要她們自己演。演戲，不但是宣教工作，也還是組織工作。

英蘭　見鬼不？指望跟你合作了劇本自己演的。誰知剛寫完，其實還没有寫完，表演權就被你剥奪了！導演先生的權力真大！我不相信我這樣無用，演自己都演不好！

一泓　那以後再説。你在這裏想臺詞，我去招呼排戲。娃娃醒了喊我一聲。（下）

英蘭　（獨自走來走去，作沉思揣摩狀，末了自語）　一個女人，一生下來就是奴隸，給一根無形的鏈子捆住。第一個主子是父親，第二個主子是丈夫，第三個主子是兒子……

（淘氣，一個十一二歲的男孩，身上除了穿着一條破短褲外，上下都光着，瘦黄臉，鼻子下面有一抹歪斜的乾了的鼻涕。胳臂和腿都很細，腿上盡是青的黑的疥瘡斑點。渾身骯髒不堪，手提一個骯髒的小鋪蓋卷，推門上。）

淘氣　（作大人狀）喂！你是娃娃的媽？

英蘭　（吃驚）你是誰？

淘氣　我是來引娃娃的。

英蘭　誰叫你來的？

淘氣　王老漢。

英蘭　他怎不送你來？

淘氣　（把鋪蓋卷向地下一丢）不用他誤工，我自個兒來就對。

英蘭　你姓什麼？小鬼。

淘氣 給你引娃兒就對，問姓什麼幹嗎？

英蘭 咦！你總有個姓名哪！

淘氣 我可没有姓名。别人叫我淘氣，我就算淘氣；没有人説我姓什麼，怎知道？

英蘭 你的家在什麼地方？

淘氣 我就没個家。

英蘭 怎麼没家呢？

淘氣 怎麼有家呢？

英蘭 是不是你爸爸不管你了？

淘氣 誰要他管！

英蘭 那麼你媽媽呢？

淘氣 媽可是個好人。

英蘭 哦，你媽媽是好人，你爸爸不是好人？

淘氣 對。

英蘭 怎麼不好呢？

淘氣 就那麼的。

英蘭 就怎麼的。

淘氣 就是個壞傢伙。

英蘭 怎麼個壞法呢？

淘氣 看你，打破沙鍋問到底？他一回差點把我摔死了，把媽媽打得拉了一褲稀屎！

英蘭 那是怎麼回事呢？

淘氣 媽媽買了個饃給我，我給弟弟半個，又給媽媽半個。她偏不吃，要給我。叫我悄悄地快吃吧！爸爸可一下子進來了，把我和弟弟手裏的餅都搶去了。還打了媽媽一巴掌，説："老子借來的錢，你偷！"我説，"爸爸！你爲什麼？我偷你的錢買饃，你倒打媽媽！"爸爸起了火，舉起我來朝地一摔！我，我可爬不起了！他又把饃丢在地上亂踩。媽媽去搶，他一傢伙打得媽媽拉了一褲子稀屎，抱着的弟弟也跌得悶過去了！爸爸這纔呆了，好半天抹着眼泪說："我……我也没法呀！"他就是這麼壞！

一泓　（推門入，轉身向外）你們先自己排着，我馬上就來！——來呀，這裏！這裏！（回頭見淘氣，驚問）你是誰？

淘氣　我是引娃的，你是誰？

英蘭　她是水一泓同志！

一泓　你是淘氣？

淘氣　（向一泓）你是娃娃的媽？（問英蘭）你不是娃娃的媽？

英蘭　（笑）我又没有説我是。（向一泓）你看他多像大人！

淘氣　你又不是娃娃的媽，問這問那，嚕裏嚕蘇幹什麼？

一泓　看你這個大人，怕不能引娃吧？

淘氣　怎不能？

一泓　（躊躇）這麼骯髒！

淘氣　哦！（原來如此！）那不怕，等我到河裏去洗洗！（快步出門，在門口）哪來的這個土包子！（下。）

英蘭　你見過這樣的小孩没有？

一泓　這小鬼有趣？王老漢說：這孩子家裏在淪陷區，那兒年成不好，租稅又重，兵呀匪地鬧，他一家人早被逼得四分五散，各顧各了，叫我無論怎樣都收留他。可是不來就一個不來，一來又兩個都來了，（向外）進來呀，這裏！——前幾天講的那個也來了！

（鳳兒的媽，中年農婦，破舊藍土布衣服。鳳兒，十二三歲，瘦臉蒼白，黄髮。小辮子根扎着鮮紅絨繩。破上衣長到腿彎。極髒。眼睛常看地，但悄悄地睁起時，却看出是雙眼皮，大眼睛，長睫毛，黑眼珠，藍眼白。上。）

鳳兒的媽　走上啊。（推鳳兒，鳳兒低着頭，兩手捲衣角，不肯上前。）

一泓　（向英蘭）臺詞想好了没有？

英蘭　哪有時間想？不是那小鬼來了麽？哦，讓我看看前面的，也許能想起來。（坐下看稿。）

一泓 （轉面向鳳兒）這孩子怎麽啦？

鳳兒的媽 就是這麽的，怕生。（俯身和鳳兒私語，鳳兒扭了一下身子，上前了一步。却反而把臉扭過去了。）

一泓 高興給我引娃麽？（指摇籃）你看，就是這娃娃，纔幾個月，白白胖胖的。

鳳兒的媽 （走向摇籃邊）看這娃娃，多美，哦，睡得多好，你來看！（鳳兒衹是低頭弄衣角）唉唉，實在怕生得過於咧！

一泓 怕什麽！給公家人引娃，旁的什麽事也不要做，更不會打你駡你。你高興吧？

鳳兒的媽 高興的。説呀，説高興！

一泓 她一定是不高興咧！

鳳兒 （抬頭，瞟一泓一眼，又低頭）不是！（隨即低聲不知咕嚕什麽。）

鳳兒的媽 大樣些呀！（笑向一泓）你看，就是這樣的！

一泓 既然不是不高興，那就好。她爸爸同意了的吧？

鳳兒的媽 他爸爸到綏德去了。他爸爸雖説脾氣壞，也没有什麽不同意，家裏省下一個人的飯，還拿工錢。

一泓 工錢，介紹人講過了吧，由公家發，别人家多少，我們的也多少，都一樣的。衣服穿公家的。吃飯跟我們一道吃。睡覺，鋪蓋也由公家發。跟我睡一個窑洞裏。娃兒的爸爸回來的時候，就到青年隊去睡，那裏有很多小鬼。女孩子們差不多都是引娃的，跟她們睡在一個坑上。常睡在青年隊也行。

鳳兒 （扭着身子）我不！

一泓 不？

鳳兒的媽 什麽不？（低頭問，又抬頭）她説：要回家睡。

一泓 （笑）你還吃奶！你家離這裏有多遠？

鳳兒的媽 五六里地。不要緊，她跑得。隨她吧！

一泓 暫時就這樣吧。你放心，我們不會虧待她，過熟了，還要教她認字，讀書，算賬……哦，你們貴姓？

鳳兒的媽　姓黃。没有什麽不放心。衹怕她怕生不聽話，笨，學不來。要淘同志們的神！（向鳳兒）你留在這裏，大樣些，要聽話。我走了！（向一泓）家裏還有事。

一泓　你不坐一會去？

鳳兒的媽　同志，不客氣！（下，一泓送。鳳兒悄悄地走到摇籃邊，呆望着裏面的娃兒，漸作默默逗娃兒狀。一泓轉來，悄悄在她背後望她。鳳兒回頭，看見一泓在望她，羞得了不得。）

一泓　對了，就在那裏看着娃娃，他醒了就抱他玩。我要看你會不會引娃，叫什麽名字？

鳳兒　鳳兒。

一泓　什麽？棍兒？

鳳兒　鳳兒。

一泓　盆兒？

鳳兒　鳳兒！鳳兒！

一泓　哦，縫兒，一條縫兩條縫的縫兒！（鳳兒摇頭不語）在天上飛的鳳凰的鳳兒。（鳳兒點頭）幾歲？

鳳兒　十三歲。十三！

英蘭　一泓，第三幕還是不錯，一看，我就記起當時的情景來了，我真想演。咱們來把那詞對一下，好不好！

一泓　你看，我哪有工夫？他們等着我開排！（欲下。）

英蘭　衹對一點兒。一對，就唤起我的情緒，説不定會想起新臺詞來。

一泓　快點！對哪一段？

英蘭　（遞稿給一泓，并指點）從這兒起，認真一點，像排戲的那樣，我做我，你做婆婆（瞥鳳兒）哦，這小鬼真老實！

一泓　好，我要看你能不能演戲。（取稿在手，大模大様地，凶惡地）來！我問你，（瞥鳳）唉！孩子們怎一個個都是這麽髒呢？

英蘭　（畏縮地）媽！

一泓　走攏來些——這聲音就不對，要聽出害怕的意思來！（又瞥鳳）一頭黄頭髮!

英蘭 媽!

一泓 這賤人，我吃了你?

英蘭 媽!

一泓 我問你：碾米的時候，你跟柳樹坡的四叔講過什麽話?

英蘭 没有講什麽話，媽!

一泓 他跟你講過什麽話?

英蘭 没有講什麽話，媽!

一泓 一句話都没講?

英蘭 没講。

一泓 你説實話，一句話都没講，連氣都没有哼一聲?

英蘭 我碾米，我趕驢兒。没看見他來。他説：“梅裏的媳婦，你忙!”我説：“是四叔! 四叔早! 没有看見，得罪四叔!”就是這。

一泓 還説什麽?

英蘭 他説：“梅裏的媳婦，大清早，你哭什麽?”我説：“哪裏? 不知什麽東西落到眼睛裏去了!”就是這。

一泓 他没有説：“我看見你在哭咧!”

英蘭 是的，他説過。

一泓 你怎麽説?

英蘭 我没有説，他説到這裏，媽就來了!

一泓 我天天都在打你?

英蘭 没有天天，媽!

一泓 時時刻刻都在駡你?

英蘭 没有時時刻刻。媽!

一泓 那你爲什麽哭?

英蘭 我没有哭。不知什麽東西落到眼睛裏去了!

一泓 你騙三歲的娃兒也騙不信，我的小奶奶! 人家明明看見你在哭。

英蘭 我哭，我心裏不舒服。

一泓　是啊，你心裏不舒服。我就是問你爲什麼心裏不舒服。飯脹飽了心裏不舒服？你還没有吃早飯哪？想野老漢，想得心裏不舒服？

英蘭　媽！

一泓　爲什麼心裏不舒服？

英蘭　我，我想起我媽！

一泓　又想起你媽，又想起那叫化婆！你的孝心真好，她死了幾年，還想她，一想起就哭！你怎不對我也講點孝心？

英蘭　她待我好，媽！

一泓　她待你好，我待你不好，是不是？

英蘭　我没有説。媽！

一泓　哼！她待你好，待你好，就不該兩斗穀子就把你賣給我們了！

英蘭　窮，没有法子呀。媽！

一泓　她待你好，你怎不跟她去？

英蘭　她死了，叫我怎跟她去？媽！

一泓　你還没有法子去？你不是上過吊麽？不是吞過鴉片煙麽？真是她媽的背時貨，討死放賴；要不是菩薩保佑，家裏不知遭了幾回人命了！死不了也不饒人，大清早，無緣無故地坐在碾子上哭！難怪那老四狗捉老鼠，多管閑事地説："大嫂子，如今世道不同了，不興打人駡人了！"

英蘭　怎麽不興？"娶的媳婦買的馬，由人騎來由人打！"

一泓　究竟是你是婆婆，還是我是婆婆？是你是媳婦還是我是媳婦？你一句都不讓人？你這小B嘴，衹要少頂一句，我都會疼你些的！

英蘭　從前我一句嘴也不頂。媽！

一泓　現在不同了，共産黨來了！有人撑腰了，膽子大了！"但將兩眼觀螃蟹，看你横行到幾時？"你以爲中央軍就不來了麽？

英蘭　那跟我有什麽相干？我是説我早已想過了。

一泓　你想過什麽？

英蘭　我想我不頂嘴也一樣！

一泓 所以，你就不如頂嘴了！頂你媽的 B！

英蘭 我的媽早死了。現在你就是我媽！媽！

一泓 你媽的 B！

英蘭 媽！

一泓 你媽的 B！

英蘭 媽！媽！

一泓 英蘭！這太過火。觀衆會以爲是開玩笑的。話又這樣下流。不如改了它！

英蘭 不！當時的實情是這樣的。那時候，我已經横下心了。現在是工作員上場。

一泓 你做工作員。

英蘭 大娘，你在家！

一泓 哦，王工作員！有什麽事到我們家來，（向英蘭）痴七白眼望着做什麽？客來了，還不趕快燒茶去？英蘭下。

英蘭 嘻嘻，正有點事想來和大娘商量商量。

一泓 咿喲，看工作員多講禮，有什麽事和我們商量？

英蘭 村裏要組織一個婦救會，就是婦女救亡會，參加的都是婦女。

一泓 是嗎？我們家裏可没有人參加。我這麽大年紀了，什麽事也不會做！

英蘭 聽我説完！婦救會要一個主任，是選舉的。已經選出來了。

一泓 那很好。

英蘭 你説選的誰？

一泓 我怎麽知道呢？反正不關我們的事！

英蘭 選的你家的媳婦兒。

一泓 選的英蘭？那像什麽話？她幹不了！

英蘭 大家都説她會説話，説話把得住道理。

一泓 她會説話？除了跟我頂嘴，她什麽話也不會説，她是個半吊子，一個字也不識，她幹不了！

英蘭　不識字没有關係，幹來幹去，會識字的。

一泓　家裏事情多，没有功夫，她幹不了。

英蘭　衹要她幹，家裏有些事我們大伙兒幫她做。

一泓　她年紀輕，幹不了。

英蘭　我也年紀輕。今年二十二歲，做了五年工作了。參加婦救會的人都年輕。

一泓　她結了婚，有人管的，她幹不了！

英蘭　婦救會的人差不多全是人家的媳婦，都有人管。

一泓　她的丈夫，她的婆婆，没有别人家的賢慧，她幹不了！

英蘭　要是把什麽道理都弄清楚了，她的婆婆、丈夫，也會賢慧的。

一泓　工作員，我是個鄉下女人，不懂得什麽道理不道理。衹曉得一樁事，她幹不了！

英蘭　既然不必講道理，那就更好，我説她幹得了！

一泓　我説她幹不了！

英蘭　幹得了！

一泓　幹不了！

英蘭　幹得了！

一泓　幹不了！幹不了！一定幹不了！

英蘭　她幹不了，你幹！

一泓　什麽？

英蘭　你幹！

一泓　我幹？我四五十歲了……

英蘭　那有什麽關係，救國不分男女老少！

一泓　你説的真的假的？

英蘭　當然真的。

一泓　好工作員，你真會卡人！我知道你的意思是非要她幹不可，明知我不會做事，明知我怕死，跟你們工作。中央軍來了，要挨槍斃的。好吧，讓她……

女演員 一泓同志！

一泓 來了來了，（女演員下）對到這裏爲止，够了吧？（起身正要出門，淘氣迎面上，淘氣兩手捧在胸前，手裏兜着三四個生柿子，曬得滿臉油汗，鼻梁旁邊却破了一塊，血紅的。）哎呀，你這怎麽了？哪來的血？哪來的柿子？

淘氣 外頭老是那多麽人在幹什麽？

一泓 這小鬼！問你的話，怎麽不答？

淘氣 什麽話？

一泓 你頭上的血！

淘氣 没有什麽！走到柿子樹底下，拾起石頭打柿子，（作打柿子狀，手裏柿子掉落，在地上滚）柿子落下來把頭打破了。

一泓 （笑）胡説！準是石頭落下來打破的。

淘氣 反正一樣。我問你的話，你怎麽不答？

一泓 什麽話？

淘氣 外頭那麽多人！

一泓 好管閑事，他們在排戲。

淘氣 排戲！排戲是不是唱戲？我要看！我要看！（注意到鳳兒）這土包子是幹什麽的？（鳳兒一直是人家不注意的時候，就悄悄地望着人家；人家一望她，她就低下頭。）

一泓 引娃的。

淘氣 她引娃，我呢？

一泓 操什麽心？總有事你做就是了。

英蘭 小鬼！到河裏去洗澡，没有到深處去吧？

淘氣 去了。淺處不好玩。

英蘭 誰叫你去玩？小心淹死了！

淘氣 不怕，我漂水可漂得美咧，（偏轉身體給一泓看背）看，看我洗得凈凈兒的，洗乾凈了又不要我引娃了！哼，她還不髒！（隨即蹲下去拾柿子。吃得很快，咂嘴）好味兒，好味兒，（向英、泓）你們也吃一點兒！

一泓　我不吃。你今天没吃飯？

淘氣　誰說的？

一泓　你看那柿子，生的，澀得很，你吃得那麼有味！

淘氣　澀？你嘗嘗看，清甜的，能頂飯咧。

英蘭　你常吃這些東西？

淘氣　有味兒！（抹嘴）有什麼吃什麼。

英蘭　準是跟白毛女一樣，什麼野東西都吃過了。我們這鄉村裏的情形，說給城市裏的人聽，誰肯相信？

一泓　哦，對了，下星期我們要排白毛女了。

淘氣　我說這東西好吃，你們都不相信。（二人皆笑）

英蘭　在這裏用不着吃這種東西了！

淘氣　你們也吃玉米飯不？

一泓　玉米吃的，可不當飯吃，窮人家纔把玉米當飯吃的。

淘氣　（失望）唉，玉米飯可好咧。咱家要吃玉米飯，就老是吃不上。

一泓　你還有衣服没有的？

淘氣　我不穿衣服，穿上悶得慌！

一泓　不能再做野孩子了，哪有不穿衣服的，（從櫃子裏拿出套小軍裝）瞧，新衣服呵！穿上吧！

淘氣　（穿衣，唱）紅公鷄，緑尾巴，旺兒的大不在家！……（學趕驢）得得！去！去！得兒渴渴渴……（向鳳兒，學巫神）你一半陽來一半陰，一半黄來一半青，你是東方路上得的病，（穿好衣服。歪着嘴巴，忍住笑，得意地問）這衣服值多少錢？

一泓　誰知道呢？

淘氣　（扯扯太長的上衣和褲管）哼！你出上個百二十塊法幣要，我還不賣咧！

英蘭　這小鬼，你怎想到賣呢？你做過買賣的？

淘氣　可不？砍柴也賣，撿糞也賣，撿碎炭也賣，打殼兒、拾杏核、都賣。還有……

英蘭　還有什麼？

淘氣　哈，賣的東西可多咧！

一泓　到底賣過什麼？（淘氣把小軍帽放在食指上轉着玩，不答）到底還有什麼？

淘氣　在米脂城跟前，賣過大西瓜。

一泓　還是種瓜？還是買的人家的？

淘氣　我可不種，也不買。嘿，你猜，我身上還有什麼好吃的不？

一泓　什麼好吃的？

淘氣　（拍腰）哈，這裏面有條大黄瓜咧（從褲腰卷裏取出黄瓜）你瞧！

一泓　哪裏來的？

淘氣　漂水回來，打老曹菜園子跟前過……

英蘭　你偷的！

淘氣　黄瓜今年還没有嘗過咧！

英蘭　胡說！你現在跟公家人做事，穿上了公家的衣服，就是公家人了。咱們公家人誰敢偷拿老百姓一點東西？

淘氣　（忸怩）以後不偷了。

英蘭　不行，你要拿去還他！

淘氣　哪有偷了東西還還的。人家明明不知道，一還，他反而知道了！

英蘭　知道有什麼要緊呢？

淘氣　那多不好意思！

英蘭　公家人，凡做得不對的事都要改掉；衹要做得對，就没有什麼好意思不好意思的！

淘氣　公家人這麼難做！

英蘭　你不做壞事，就容易做。

淘氣　那那……（解衣。）

一泓　你幹什麼？

淘氣　我不做公家人。

一泓　（制止）胡説！不做公家人做什麼？

淘氣　什麼也行，什麼我不會做？

英蘭　什麼也會做，到底做過些什麼？

淘氣　什麼没做過？

英蘭　做過些什麼？

淘氣　做過莊稼，跟過工，馱過炭，牛羊也放過，毛驢也能趕！（二人相顧失色。）

一泓　這小鬼，真了不得，做過的事真多咧，纔十二歲，可是有一樁你不會作。

淘氣　什麼事？

一泓　拿黄瓜去還老曹。

淘氣　不，他要打我的。

一泓　來，跟你談談話。你是個好孩子，我喜歡你。你這麼小，這麼能幹，做過許多事！爸爸不在跟前，媽媽不在跟前，我，我們的同志們，都會把你當親兄弟看待的，你是個男孩子，引娃不相宜。我叫鳳兒來替你，把你編入青年隊，另派工作好不好？

淘氣　那裏去也行。

一泓　你願意認字，念書不？

淘氣　没錢進書房。

一泓　我們會教你，不用錢。

淘氣　怕不會念咧。

一泓　你心靈，念得好的，你知道識字的好處不？

淘氣　那我知道，識多字就做大官了。

英蘭　呃，咱們八路軍不講官不官的，學習的好處，以後會慢慢給你講，你會成爲一個革命家的，不過現在你把黄瓜拿去還老曹。

淘氣　他打我可怎麼辦呢？

一泓　你穿的公家衣服，他不會打你的。你跟他説，你剛來，不知道規矩。……

英蘭 反正我的臺詞今天總完蛋了！我帶你一路去，不怕他。（戴帽，扣衣。）

一泓 對了，這是你們的指導員，你正好跟她到青年隊去，提着你的鋪蓋卷。

淘氣 （拿黄瓜，提鋪蓋。學巫神手裏三山刀的聲音）嚓唧唧，嚓唧唧……（唱）你是東方路上得來的病……（跳跑在英蘭之前，同下。）

一泓 （向鳳兒）你看，他多活潑！

女演員 （站在門口）一泓同志！

一泓 （笑）好好，這回真來了！（走到門口，向外）同志們，準備好了没有？現在正式開排！

（幕）

第二幕

幕開：一泓和鳳兒對坐在窑洞門外的平地上的一個小桌跟前吃晚飯。小桌上擺着兩三個菜碗，一個大瓦茶壺，幾個茶碗，飯桶放在一邊的地上。兩人一面吃，一面揮扇。鳳兒還一面摇着摇籃。窑洞當中爲門，門上及兩旁有窗格，窗格上糊着白紙。即在第一幕所曾看見的另一面。門開着，因其斜對觀衆，看不清裏面的陳設。平地的一端有大樹一棵，其另一端，即洞口與凉棚之間的空處，可遥見天空斜陽，其地即上下的出路。鳳兒開幕不久，即放下飯碗。

一泓 （一面吃飯）不吃了？

鳳兒 不吃了。

一泓 再吃點！

鳳兒 吃飽了。再吃不下了。

一泓 半碗飯就吃飽了？吃飯像綉花的，一顆一顆地數，我吃了三碗，你還衹數了半碗，怎麽，飯不好？

鳳兒　不是。

一泓　菜不好？

鳳兒　不是。在家裏我不吃菜咧。

一泓　哦！家裏可没有菜吧？

鳳兒　不是。

（一泓一面説，一面吃飯，最後扒了一大口，放下碗，從茶壺裏倒出水來，漱口，喝。鳳兒先呆望着她，後來就收拾菜飯碗。一泓喝水後彎身從地下拿起飯桶放到桌上。）

一泓　還有這多飯！明天收碗的小鬼來看見了，又要埋怨。我可不管，都是你剩下的。（看見鳳兒把幾個碗裏剩下的東西倒在一個碗裏）把剩下的菜扒到口裏，把那點湯喝了它！

鳳兒　喝不下！

一泓　看你，糟不糟蹋東西，拿來我喝！（從鳳兒手裏接過湯，喝下。）好喝！好喝！（把碗遞給鳳兒，鳳兒把東西檢到屋裏去，一泓走到臺邊，提起衣領揮扇，這時候似有風迎面吹來。）哦，凉快！凉快！鳳兒，趕快來乘凉！（遠望）鳳兒，來看，從這兒望下去，多好看！延安城就像畫的畫一樣。那不是延河？那不是延河旁邊的那座寶塔？無論誰，到延安來，總是先望見那座寶塔。不是，還没有到延安，就先聽見説那寶塔，人家會告訴你：望見了寶塔，你就知道延安快到了。我來的時候，恐怕在二十里以外就看見寶塔了，一看見，心裏好喜，我的天，也走到了！你不知道，那時候，抗戰開始不久，我跟許多人一道，撤退到西安，又從西安走到這裏！背着一個包袱，拄着一根棍子，一步一步走。冬天，日子短，我們又都是纔離開大學的一些少爺小姐，没有走過長路，一天衹能走四五十里。還以爲衹須四五天就會走到咧！一走，乖乖弄的冬，走了十二天。日子過得真快，一説，都是七年前的事情！我在這裏過了七年多，抗戰已經快八年了。我想我們快勝利了，我們應該快回家了！哦，小鬼，你的家在哪裏？望不望得見？指給我看看！（發見鳳兒不在身邊）咦！這小鬼；還没出來！我跟空氣説了半天話！鳳兒！鳳兒！

鳳兒　（跑上）什麽？來了！

一泓　你在做什麽？

鳳兒　没有做什麽，掃掃地。

一泓　你看這兒多凉快！從這兒望下去望得多遠，那城，那河，那寶塔，望得清清楚楚，像畫的一樣。你的家在哪裏？這裏望得見麽？

鳳兒　不在這邊。（引一泓朝另一方面）望不清楚，給虎頭崖遮着了。看！從底下這條路一直走，就走到大路上。在大路朝東走，盡走盡走，看見那棵大樹没有？走到那棵大樹底下分路上坡，就是虎頭崖，那裏一個小土地廟。再走不好遠，就是我家裏。

一泓　你們那地方叫什麽名字？

鳳兒　黄土坡，好找得很。黄土坡衹有我們一家。

一泓　好難得，鳳兒，今天你説了這麽多話！你的話講得很清楚，你很會講話呀，爲什麽總是問一句答一句的？（鳳兒不好意思地低頭）嘿，又把頭低下去了！抬起來！抬起來呀！（鳳兒抬頭）又没有做什麽見不得人的事，爲什麽總是低着頭呢？對了，要像這樣！跟我再説説話！這兒就衹有我們兩個人，我不説話，你也不説話，多悶！

鳳兒　我没有話説。

一泓　怎會没有話？你看我就有這麽多的話。想想看，也許想想就有了。

鳳兒　（想了一下）没有話。

一泓　你問我一句什麽吧！

鳳兒　我不要問。

一泓　再想想看，也許再想想就有話問了。

鳳兒　（又想想）你的家在什麽地方？

一泓　是不？想想就想出問的話來了！你問我的家在哪裏？嘿，遠的咧！

在南京。你知道南京麽？

鳳兒　不知道。

一泓　南京，是我們中國的首都，是京城，你知道什麽叫做京城？

鳳兒　不知道。

一泓　唉，跟你這小鬼説不清！南京是個大地方，是個熱鬧地方，比延安城大一百倍，熱鬧一百倍，恐怕還不止。南京没有這樣的窑洞，都是比城裏的禮拜堂還大還高的洋房子。南京有一個玄武湖，又叫後湖，春天，岸上全是櫻花，櫻花謝了就結櫻桃，游湖的人們就會有櫻桃吃。夏天，滿湖都是荷花；那時候去玩，就可采荷花，吃蓮蓬。唉唉！那樣好的地方，現在被日本人占去了，被漢奸占去了！你知道什麽叫做漢奸吧？本來是中國人，却在日本人底下做事，幫日本人打中國，壓迫中國老百姓！現在，我們快勝利了。勝利之後，我們就回南京去。那時候，娃兒説不定會説話了。他會説："我要鳳兒姐姐！"娃兒的爸爸，我，我們都會捨不得你！鳳兒，我帶你到南京去好不好？（發現鳳兒不知什麽時候已經溜走了）這小鬼，哪裏去了！（向窑裏望望）怎麽啦，又喝冷水！（跑進去，拉着鳳兒出來，捉着鳳兒手裏的瓢，把水摇得落到地下。）真是！跟你説過好多回，冷水喝了不衛生，會生病，你不是老説肚子痛麽？

鳳兒　這是乾净水。

一泓　乾净水！裏面有微生蟲！

鳳兒　我看過，没有！

一泓　看得見就好了。那蟲是看不見的。非常非常小！要用一種特别的鏡子纔看得見！唉，跟你説不通！有茶，有冷開水，爲什麽偏要喝冷水呢？

（淘氣在後臺唱歌。上。）

淘氣　戰鬥的號聲響亮，

戰鬥的旗幟飄颺，

戰鬥的火焰燃燒在大西北的原野上……

一泓 淘氣！你怎麽來了？

淘氣 來看你們。

一泓 你到青年隊幾天了？

淘氣 幾天了？怕不七八上十天了。

一泓 胡説，還衹五六天咧。

淘氣 五六天就五六天吧，我可懶得記這個賬兒！

一泓 過不過得慣？

淘氣 過得慣，哪裏我都過得慣。

一泓 那裏好不好？

淘氣 好不好？怎麽不好？好玩得很。哦！好多人！全是小鬼，男的，司號員、勤務員、通訊員。我也是通訊員咧，他們派我做勤務員，我不做，我要做通訊員。瞧，我現在就是送公事去的（從口袋裏掏出公事晃了晃又放進去）。

一泓 這小鬼！叫你送公事，你不去，跑到這裏來玩！

淘氣 不要緊。要曉得，公事分三等，畫了三個×的，跑得送；一個×的馬上送；没有×的隨便什麽時候送。這公事一個×都没有，叫我兩個鐘頭送到。可是我衹要半個鐘頭就會送到。我跑起來纔快咧！

一泓 去去，去送了再來玩。

淘氣 我的話還没有講完咧。青年隊、司號員、勤務員、通訊員。女孩子都是引娃的，（望鳳兒）跟這土包子一樣。早晨上早操，晚上上課，上文化課，上政治課。最有趣的是政治課。

一泓 什麽政治課？

淘氣 什麽政治課？就是講故事呵！上課的就是那天送我到青年隊的那個指導員。她叫什麽，她叫英蘭，是不是？她天天晚上跟我們講故事，講長征的故事。講一個女人翻身的故事……

一泓 你懂不？

淘氣　怎麽不懂？她説一個女孩子，家裏窮，没有吃的，她媽把她賣了兩斗穀子，賣給人家做小媳婦。這有什麽不懂？她家裏跟我家裏一樣。要是我是個女孩子，也會把我賣兩斗穀子的；媽不賣，爸也會賣。

一泓　好了，好了，送公事去吧！

淘氣　還没有完。青年隊，有一面血紅的旗子，怪好看的。太陽出來，把旗子插到青草地上。太陽紅通通，旗子也紅通通，風吹得它呼啦啦響。我們幾十個小鬼，男的，女的，一條綫地站在它的左邊，向右看齊，向前看，唱：

戰鬥的號聲響亮，

戰鬥的旗幟飄颺，

戰鬥的火焰燃燒在大西北的原野上……

一泓　（望着他出神，又注意他的衣服）這小鬼，進了青年隊，可真不同了。軍裝穿了五六天，還乾乾净净的，跟剛穿上一樣。

淘氣　哪裏！這又是一套咧，那一套脱下來洗了。

一泓　你倒蠻愛乾净的。

淘氣　當然。大家愛乾净，我也愛乾净。不乾净，人家要批評的。

一泓　你還不走。等會指導員來了，看我告不告訴，我説淘氣……

淘氣　總得讓我説完哪！指導員説：一泓同志家裏，有個引娃的小鬼，名叫鳳兒！當然囉（指鳳兒）就是這個土包子，她是個落後分子，脱離群衆，不肯加入青年隊。誰願意去對她做政治工作？我説，我願意！指導員説：不要急，先一步一步對她宣傳。我説，好！（向鳳兒）怎樣呢，土包子？現在我一步一步對你宣傳，你是落後分子，你脱離群衆，這是不對的。你加入青年隊吧！就抱着小娃插進隊伍裏！説呀，好不好？（鳳兒扭轉頭，不理他。）啊哈！你這土包子！你這落後分子！你脱離群衆，你還不接受意見！

一泓　（遠望）淘氣！你看，説指導員，指導員就來了！還有一個什麽人跟在一路咧。你看是不是？

淘氣 來了好。讓她來一步一步宣傳，我可要送公事去了。（唱）啊哈延安，你這莊嚴偉大的古城！……（下。）

一泓 鳳兒！你就加入青年隊吧，跟他們一塊兒上課學習多好！把我給你的毛巾、胰子、牙刷、牙粉拿出來，把身上洗乾净，辮子剪了它，换上新衣服！

鳳兒 不！

一泓 爲什麽？

鳳兒 不爲什麽？

一泓 加入青年隊不好？

鳳兒 不是。

一泓 學習不好？

鳳兒 不是。

一泓 剪辮不好？

鳳兒 不是。

一泓 那是爲什麽呢？

鳳兒 爲什麽？——誰知道呢？

一泓 鳳兒！這樣不行！無論什麽事，總得有個道理。你吃飯，因爲你肚子餓；不吃了，因爲你吃飽了；你喝水，因爲口渴；好喝冷水，因爲你喝慣了，并且不知道冷水是害人的。要你剪辮子，因爲頭髮太長，梳洗起來不方便，耽擱時候，容易髒。要你换新衣服，是要你愛乾净，免得生虱子，長瘡。要你加入青年隊，因爲希望學會許多東西；變成一個聰明的，有知識的孩子，將來能够做大事；你不肯加入，是因爲，因爲——因爲什麽呢？説呀，因爲……

鳳兒 莊稼娃，不會學！

一泓 什麽莊稼娃不會學？青年隊的小鬼全是莊嫁娃，爲什麽人家會學？

鳳兒 爸爸要駡！

一泓 哦！那好辦，我去跟你爸爸説！

鳳兒　不，不！說不好的！

一泓　你怎麽知道？

鳳兒　我知道。

一泓　鳳兒！剛纔我不是問你的家在哪裏麽？你告訴我了。那時候，我就想什麽時候到你家裏去一趟。當然不是現在，現在你爸爸没有回來。等他回來了，我要跟他説，叫他改造你，叫他准許我們改造你。

鳳兒　他不答應的。

一泓　他會答應的。我跟他説，可以把他説好。他還不是人，他還不是長了耳朵的？我説不好，請英蘭同志去説，那位指導員，她比我還會説，説得容易懂，并且無論怎樣都不生氣。指導員，你認識，能幹不能幹？（鳳兒點點頭）她小時候比你家裏還窮，賣給人家作小媳婦，後來又受婆婆跟丈夫的氣。快二十歲了，還一個大字不識。可是她自己努力學習，不吃飯，不睡覺地用功，衹五六年功夫，就變成現在這樣了。我們邊區還有一個女參議員，名叫圻聚英，跟她的情形差不多，現在做了參議員。還有一個勞動女英雄孟祥英，也跟她們情形差不多，現在成了誰都知道的有名人物。我們邊區有許多女村長、女區長、女縣長，都是由自己用功學習出來的。鳳兒，你不能老是引娃兒，你要學本事，學會了將來什麽都能做。這些話，我都要跟你爸爸説。

鳳兒　爸爸不肯的，他的脾氣壞。

一泓　他不肯，你肯不肯？

鳳兒　我，我怕爸爸。

一泓　不，鳳兒，一個人不能這樣的！哦！你懂不懂我的話？

鳳兒　懂。

一泓　完全懂得話里的意思？

鳳兒　不完全。

一泓　一半一半？

鳳兒 一點點，一小半。

一泓 唉唉，你這麼小，什麼都不懂？真不知怎樣説纔使你懂得多一些！一樁事，衹要是對的，是自己願意做的，就不能老是怕這又怕那。你看我，從前我的爸爸媽媽都不許我參加抗戰，尤其是不許到延安來。可是我不管，我一定要來，可不就來了？現在，我在魯迅藝術學院教書。有成百成萬的學生；編了劇本就上演，有成千成萬的人看。我工作，娃兒的爸爸也在别處工作，星期六晚上回來，星期一早晨出去。哦，今天就是星期六，他怎麽還没有回來呢？生活過得挺有規律，不愁吃，不愁穿，没人打，没人罵，簡直是享清福。要是我不來，現在曉得幹什麽了，也許給日本人和漢奸們殺了！也許關到牢裏去了！是的，你還小，拿不起力量來，可是我們幫助你呀！

（英蘭和小秀上。小秀，十八九歲的農女。農家打扮，樸素，乾净。）

英蘭 吃過晚飯了？你們在講什麽？

一泓 剛吃過。這位是？還不是説鳳兒。

英蘭 我跟你找的一個演員，她叫王小秀，第四婦女學習組的組長，挺會扭秧歌！這位是水一泓同志。鳳兒怎麽樣？

小秀 我認得，我看過她演戲，上回演《日出》，演得真好。我也想跟你學演戲咧。

一泓 那好極了。我們正寫好一個劇本，《一個女人的翻身》，就是英蘭自己的故事，是她和我兩個人的集體創作。不，是她一個人創作的，我不過照她説的寫出來一下罷了。你可以來演一角。鳳兒……

英蘭 哪裏，我不過把故事講出來吧了，編成劇本，完全是你的力量。小秀，一泓同志就有這麽一種本事，你告訴她一個故事，她就能編成劇本。小秀剛結婚，是自由戀愛的，愛人是個挺積極的小夥子，當過四年民兵，打仗勇敢，去年還當過民兵英雄。小秀跟他戀愛也經過一回鬥争的。叫她講給你聽，再編一個劇本。

一泓　那好。現在没有事講講看！請坐，坐到好講。

小秀　没有什麽。她隨便説的。

英蘭　不久以前，東土村的張財主家差了兩個媒人來説媒，要給他兒子娶小秀，一口就答應出八十萬塊錢。她媽答應了。她衹有媽，家裹由媽作主。小秀不依，説："舊社會把婦女當牲口賣，現在是新社會，不能那樣了。没有經我的同意，就是不成!"她媽説："人家幾輩子的財主，高門大户，去了享一輩子福。"她説："誰愛去享那福，誰不知他的兒子又抽大煙又賭博，是個敗家精，我不愛。"就拒絶下來了。以後她媽又反對她自由戀愛，又嫌她的愛人窮。哦，故事多咧。以後，她跟你熟了，高興了，會跟你講。剛纔你説鳳兒怎麽的?

一泓　（向英蘭使眼色，叫她明白是故意説得嚴重，好使鳳兒受刺激。）我説鳳兒有些惹人厭！起初她怕我，很拘束。這幾天慣熟了，可也還是不露點兒孩子的天真，總是那樣孤獨、畏怯、陰鬱，半天不説一句話。特别是，她那骯髒的青白的臉，那辮子，那長腿彎的破上衣，我看了總不好過。我想，她呵，孩子不像孩子，大人不像大人，像什麽，像個鬼東西!

英蘭　其實，她的樣子不壞呀！是的，她的臉瘦，顔色也不好，可是她的眼睛大大的，雙眼皮，長睫毛，眼白藍得像天空一樣，眼珠子又亮又黑。趁你不留意，偷偷地睁起來，（這時候，鳳兒的眼睛正向她們睁了一下）唉唉，也怪惹人疼的咧!

一泓　是呵，我是又厭她，又疼她。我給她買了毛巾、肥皂，領了新衣服！叫她洗，叫她换。她不要，也不聽。叫她剪辮子，她不剪。好像這些事都是害她的。天天説肚子痛，照她自己説是肚子裹有"枝節"，可是還是喝冷水，生的，仰起瘦臉，把水瓢倒轉過來，喝個飽。飯衹吃拳頭大那麽一點兒。我真看不過!

英蘭　慢慢來呀，一下子怎麽會改變得過來呢。

一泓 叫她住在青年隊，她不肯！住在我這裏吧，又不肯！夜夜要回去。我抱着娃娃不滿意地看着她，她兩手擺開，這麽摸住背靠的門，屁股在門板上這麽擦來擦去。總之，不聽話！我望望黑下來的天色，想想她家在東山上面那崖邊，高得很！天一黑，路看不見了，路邊有刺兒樹，路上有亂石塊。一滑呢？一失足呢？每天，我工作忙，可不能讓她早回去呵。每夜，她終於走進黑暗裏去了，好像黑暗就是她的家！

英蘭 她的家大概也不怎麽光明。

一泓 淘氣剛纔來過，叫她加入青年隊。跟他們一路學習，她不理。我也勸她學習，她説不。問她爲什麽，她説不出理由來。逼緊了，她纔説怕爸爸駡。我叫她不要怕這怕那。正説到這裏，你們就來了。

英蘭 她這麽小，自然怕大人，要改造她，恐怕要跟她的家裏人商量一下。

一泓 是呀是呀，我對她説，等她爸爸回來了，我去跟她爸爸説，叫她爸爸改造她，允許我們改造她。她説她爸不會肯。問她怎麽知道，她説不出。看樣子，她爸爸是個又專制又頑固的傢伙。

小秀 鳳兒是誰？

一泓 還會是誰呢？（指鳳兒）還不就是這小鬼！

小秀 她！不説，我還不曉得還有一個人在這兒！讓我看看！（看）好像認得。哦，她不是黄土坡黄元的女兒麽？對了，她的名字好像是叫鳳兒！鳳兒！認得我麽？（鳳兒低下頭，不語。）

一泓 你認識她爸爸？知道她？你們來的時候，我們正談到她的爸爸，她爸爸是個怎樣的人？

小秀 没有什麽説的，是個有名的老頑固！

一泓 恐怕是。

小秀 誰都知道他是打老婆、打孩子的好手。

英蘭 對了，看鳳兒樣子就看得出，一定是她爸爸把她壓迫得這樣了的。

小秀　她爸爸有這麼長（手勢）的一根旱煙管，煙鍋子有這麼大（手勢）。就用這煙管一會兒，崩崩，往老婆頭上敲；一會兒，崩崩，往鳳兒頭上敲！成天不是打就是罵！

英蘭　這個老東西！

一泓　（向鳳兒）鳳兒！可憐的孩子！（鳳兒以手掩面。）

英蘭　他的老婆女兒對他有什麽不好？

小秀　誰是他的什麽老婆？誰是他的什麽女兒？

一泓　鳳兒和鳳兒的媽……

小秀　鳳兒自己的爸爸早死了。没有親，没有故，留下一個窑洞和十五畝地給鳳兒和她媽。黄元那老傢伙，起先還是個地主咧，因爲游手好閑，變成光杆兒一條了，自己什麽都没有。就眼紅了人家的幾畝地和窑洞。你們説他想了一個什麽法子？一天，半夜三更，不知怎樣鑽進人家窑洞裏去了，强迫鳳兒的媽跟他。天黑，隔壁左右又没有人！鳳兒的媽是個老實人，叫這事情嚇慌了，黄元的力氣又大！……以後就抬他進門，算是合了家！

英蘭　這是什麽話，簡直暗無天日！

小秀　還有好的在後頭咧！等到進了人家的門，地，窑洞都交給他了，他又嫌鳳兒的媽没有用，嫌鳳兒不是他親生的，嫌她們吃了他的飯，説他白養着兩條没尾巴的驢！

英蘭　這種事爲什麽没有人管？

小秀　怎没人管？村裏鬧翻了天，鬧得政府都派人到他家裏調查。那老狐狸，看見公家人，口甜得像蜂蜜一樣，説他怎樣怎樣地愛她們大人和小孩。叫他打罵他還捨不得打罵咧。鳳兒小，鳳兒的媽本來不愛多講話，又都給他打怕了，她們自己不説，没有别人肯出頭，就那麽算了。他從此就恨公家人，凡公家人叫做的事，他都不好好地做。

一泓　難怪鳳兒好像在怕我去找她爸爸。

小秀　有一回，安寨那邊遭了大風灾，幾百里平川地，千萬垧好莊稼全給推光了，政府派人來動員人帶牛和蕎麥籽去幫受了灾難的人家補種蕎麥，去了百把個人和牛。規定三天任務，他一天也没好好地動手，半夜裏偷偷地把自己的牛趕回來了。他還説，一頭牛，多少錢？自己的活兒還趕不來，白跟人家趕，這麽一來，大夥兒都記住他了。後來他家出了什麽事，别人也不幫忙。這一兩年來日子過得不很好。前些時候説在趕毛驢，把延長的鹽馱到綏德，又從綏德不知馱什麽回來。可是貪心重，一匹小毛驢，盡壓着，盡壓着，在半路上壓死了，現在還坑在綏德不能回來。

一泓 活報應！誰叫他自私自利的？

英蘭 這小秀，人小鬼大，倒什麽都知道似的。

小秀 就是這塊兒的事，誰不知道。哦，不早了，我們回去吧！

英蘭 回去？我們來商量演戲的事的，什麽都没有談好，怎麽就回去？

一泓 今天恐怕不能决定什麽。劇本還没有印好；約定的幾個演員，還要開個會談談。等日子定了，我來通知你們，對了，一個小演員，我還没有跟她談起咧，那可是少不得的一角！鳳兒，來，我們跟你商量一下！

鳳兒 （上前）什麽？

一泓 你看過戲没有？

鳳兒 没有。

一泓 我們常常演戲，你都没有看過？

鳳兒 没有看。

一泓 那天我和指導員你説一句，我説一句，先裝作是婆婆跟媳婦，後來又裝作是工作員跟婆婆，你没有看見？

鳳兒 看見了。

一泓 那就叫演戲呀。你曉得，我和指導員合作了一個劇本，名叫《一個女人的翻身》，是指導員自己的故事。這劇本開始的時候，指導員還小，是個小媳婦，要個小演員。你來演好不好？

鳳兒 我不會。

一泓　知道你不會，我告訴你，你學，就會了。

鳳兒　我演不好。

一泓　没有演，怎知道演不好？用點功，會演得好的。

鳳兒　我不知道裏面的話。

一泓　是。我會告訴你。没有好多話。今天告訴你幾句，你記住；明天告訴你幾句，你記住；就行了。

鳳兒　我没有演過。

一泓　我知道，你看都没看過，當然更没有演過。但是你演一回之後就演過了。無論什麽事，在第一次做之前，都没有做過。在引娃之前，你没有引過娃娃，在第一次吃飯之前，你没有吃過飯；在出世之前，你没有出過世。

鳳兒　我不演。

一泓　瞧，就是這樣。無論對她説什麽，總是我不！那也不，這也不，除了不還是不！她的語言衹有一個字：不；她的表情衹有一種：摇頭！

英蘭　盡她吧。你不能打算一次就把她説服。這小鬼，怪聰明，怪惹人愛，説不定明天就會回心轉意説："我要……"

一泓　她要？她什麽也不會要，除了要回家！

英蘭　真是，已經不早了，她怎麽還没有要回家？

鳳兒　早就要回家了。天快黑了！

一泓　是不是，又是要回家？回家回家，天天回家，這裏又没有老虎，怕吃了你？

英蘭　（故意嚇唬）這裏没有老虎，路上可説不定有狼。

鳳兒　（變色，呆望着前面）狼？

一泓　好好好，你去吧！讓狼吃了你！

鳳兒　（無可奈何）没有狼。哄我的！

小秀　哄你的？一群一群的狼呢，來來去去，常常有，前幾天西水村的一個放牛的孩子給拖去了，你没聽見説？

鳳兒 碰不到的。

一泓 一碰到，你就完了。

鳳兒 我我趕早走！

一泓 已經不早了，就在這裏歇一晚再説吧！（鳳兒遲疑。）

英蘭 鳳兒，我喜歡你，今天禮拜六，她的男同志要回來的。你到我那裏去睡！我跟你講故事，講《一個女人的翻身》，告訴你演戲。（牽鳳兒手，欲下。回頭向一泓）你的“同志”怎麽還没有回來呢？

幕後的男子聲音 一泓！一泓！

一泓 呃！（向落日方嚮招手。回頭）他回來了。你們等一下走，鳳兒還没有見過他咧。

（幕）

第三幕

幕開：景同第二幕。但時非傍晚，距前幕已有若干時日了。洞門關着，門外没有别人，僅鳳兒獨自在凉棚下以兩種聲音、兩種姿態自言自語，指手畫脚。

鳳兒 小女子！小女子！出來一下！——誰？誰這麽黑天半夜地來叫人！——是我！——你是誰？——是我。我的聲音都聽不出了？我是你媽！——媽媽，你來了！你怎麽來了！（哭聲）。——我來看看你，看看我的小女子！（哭聲）——媽！我的好媽！——我的小女子！我的小英蘭！——媽！你可好？——還不就是這麽的！——奶奶可好？——也就是那麽的！躺在炕上，能吃不能動！——二哥？——幫人去了！他自己算吃上了！可什麽都拿不回來！——小娃娃？——還活着！小女子！你在怪媽吧？你在恨媽吧？——没有，没有！爲什麽？——媽爲了兩斗穀子把你賣了！——不！媽别這麽説！我知道我在家裏，都過不活！——你不知道，那天，我還跟奶奶吵過咧。我説："我可不鷄抱鴨子，枉操這番心！"奶奶説："借糧不如減口，有什麽枉不枉，養女總衹一門親！"我拗不過她！走的時候，我對你説了一些什麽話，你還記得麽？——記得！怎麽説的？——媽説："好女子啊，既是這樣，你就去吧！一家人要餓死了呵！那人家來錢路多，你去，你就吃上啦！聽媽話，乖乖兒走吧！你走了，媽常去看你。媽的小女子還要跟媽争臉的咧！"——對了！我的小女子記性真好。也真乖，你就那樣由二哥把你送走了！你不知道，那一晚上，眼泪没水，我把眼睛都哭腫了。第二天清早就起來，出了門，打算去攆你回來。在路上，碰着二哥轉來，他勸我，攆回來也没法活，我就另找一條路，尋吃去了。家裏兩斗糧，我可一顆也吃不上嘴呀！——媽説常來看我的？——你瞧，我哪有工夫，尋吃都尋不出，路又這麽遠！這回，到延長去尋吃回來，繞了一截路，來看看你。你看這布袋裏，有死牛蹄子，死猪肉，帶回給奶奶吃的；還有糠窩窩，糠末末，是小娃娃的口食。——媽！你自己呢？——我好久没吃上五穀了。這些時，都是吃延長的棗！媽不中用了！衹有一回，一回……來看我的小女子！要是這個人家待你好，我就死都閉眼睛了！——媽！别這麽説！媽要活！媽是好人！我大了養你！——好女子！你心好，我可把你賣了！我也等不得你長大了！哦！人家待你怎樣？——好好！不打不駡，吃得飽，穿得暖，又没有重活！——小女子，你倒升了天了！要這樣纔好咧，跟媽可活不了！瞧！你哄媽！這麽冷，你衹穿了兩件單衣服！——剛纔脱了的。剛纔掃炕，有點熱！——你身上可冰冷哪！——這陣子在外頭跟媽説話。——你頭上是什麽？濕的，像是血！——剛纔媽在外頭喊我，出來得心慌，在門上碰了一下，（作碰門狀。一抬頭。發現一泓站在洞口奶着娃娃，含着笑，默默地望着她，大窘。）

一泓 接着做下去呀！瞧，又低着頭了！這有什麽害羞的？（向門內）小秀！小秀！快出來看！小鬼正在演戲咧！（向鳳兒走近）是這樣的。演戲就是這麽回事！

小秀 （手拿一本油印劇本，由門上）什麽事？

一泓 我説這小鬼，好半天不做聲不做氣，在幹什麽呢？出來一看，她正在一個人做戲，還是一個人做兩個角色，做得挺好的。

小秀 爲什麽不做了？（鳳兒扭身不語。）

一泓 還不是老脾氣又發了：害臊！衹把這一點除了就好了。

小秀 害臊的不能演戲吧？

一泓 也不一定。在臺下害臊，也許上了臺就好了。

小秀 演戲有什麽訣竅没有？

一泓 什麽訣竅呢？跟這小鬼一樣，自己在家裏關着門，對着鏡子做表情，做姿態，背臺詞，憋聲音。總而言之，用功。這就是秘訣。這小鬼，誰也没有告訴她，她自己就知道了。她還怕記不住臺詞咧；不但記住她自己的，還把你的也記住了。早曉得這樣，倒該叫她和你一同對對詞的。

小秀 我自己倒没有讀熟咧。真的，我要回去看劇本了。那故事衹講到這樣就行了吧？

一泓 行了。故事講得很好，很有趣，不過什麽時候動手寫，可没有準兒。

小秀 爲什麽呢？你不好像急於要寫的麽？

一泓 你不知道，劇本這東西是非常勉强的，受舞臺布景的限制太利害，一幕戲，太長了不行，觀衆會討厭，太短了不行，説兩三句話就閉幕，布一回景又划不來！一幕一幕要長短都差不多。要許多事在一定的時候，一定的地方發生，真的事情哪有這麽凑巧的？所以，什麽地方要除掉，什麽地方要添上，又要看起來很自然。這就要有個時間想想。反正你用不着擔心，想好了，分幕了，跟和英蘭合作的時候一樣，找你來説臺詞。

小秀　我可不會説什麼臺詞。

一泓　那没有什麼，衹把當時講過的話記起來，再説一遍就行了。

小秀　那我現在就走了。

一泓　怎麼走了。等等會有人來排《白毛女》，不看看要演戲？還告訴你一個訣竅：多看别人演。

小秀　他們什麼時候來呢？

一泓　快來了吧？急什麼？你在這兒看看劇本，到我床上躺躺也行。

小秀　我就看劇本吧，免得打攪你。（搬動一個矮凳子，坐在樹下看劇本。）

一泓　没有打攪我什麼，我今天倒挺清閑的。哦，你用功吧，倒是我不必打攪你了。（抱着娃娃，走了幾步。這時候，鳳兒又早坐在小桌跟前，拿起棍子在沙盤上寫字了。一泓望着她們兩邊都在用功，不覺發出一種滿足的微笑。隨即信步走到鳳兒背後看她寫字。半晌）這小鬼真不錯咧，纔到青年隊去睡了一個多星期，就會寫這麼多字了，還説莊稼娃不會學，這不一學就會了麼？哦，這幾天在青年隊睡得怎樣？

鳳兒　可好咧。

一泓　有老虎没有？

鳳兒　（不好意思地笑）没有。虱子也没有。

一泓　還是跟指導員睡在一塊兒麼？

鳳兒　不，衹有頭一夜是睡在指導員那裏，以後都跟别的女小鬼睡在一個炕上。

一泓　你跟你媽説過，以後都睡在那裏麽？

鳳兒　説過。媽説衹怕爸爸回來了要我回去睡。

一泓　你爸爸什麼時候回來呢？

鳳兒　不曉得。前幾天有人帶信來，説快回來了。

一泓　（停了一會兒）早晨上操好玩吧？

鳳兒　好玩。

一泓 起得來麼？

鳳兒 有什麼起不來呢？有四五天還是我頭一個起來咧。

一泓 晚上上課上得慣？

鳳兒 頭兩天就要睡覺，要睡覺，這幾天好了。

一泓 跟淘氣一路上課吧？

鳳兒 是的。

一泓 那孩子怪有趣的，是不是？

鳳兒 他死壞。

一泓 怎麼壞呢？

鳳兒 他叫別人都批評我。

一泓 批評你什麼？

鳳兒 起初，批評我不接近群衆。現在我接近群衆了，又嫌我……

一泓 嫌你什麼呢？

鳳兒 老是嫌我……

一泓 嫌你什麼呀！

鳳兒 嫌我髒！

一泓 什麼？

鳳兒 嫌我骯髒！

一泓 是不是！叫你愛清潔，講衛生，你不聽；現在可怎樣呢？

鳳兒 （忸怩）以後我要……

一泓 什麼以後！現在別忙着寫字了，把娃娃送到摇籃裏去，娃娃睡着好久了。把我給你的毛巾、襪子、肥皂、牙刷、牙粉，都拿出來；倒盆水，好好地洗一下！（交娃娃給小鳳，小鳳兒抱娃娃，由洞門下。一泓扣好衣服，問小秀）小秀！等會你幫小鬼洗一下。我也打算跟她做件事。

小秀 什麼事？

一泓 到時候你就知道了。

小秀 這劇本一開頭就不錯。跟真的一樣。看着看着，差點兒哭出來了。

一泓　本來是實在的事情。實在的事情，總不會太壞的。明兒你的故事寫出來也許跟這一樣。

小秀　剛纔你把劇本説得那麽難，要是真寫起來，好像也很容易，衹把實在的話一寫出來就行了。

一泓　好小秀！你還衹剛學演戲，一次臺也没有上過，劇本恐怕也衹看過這一個；馬上心裹就想編劇，并且已經做起批評家來了！

小秀　（忸怩）哪裹，哪裹！我是説你好像寫得很容易，哪裹就談得上我自己寫？又哪裹是批評？

一泓　（笑）我開玩笑的。不過你如果寫，比我還容易，因爲你知道這種實在的事情比我更多、更親切，很容易寫好。衹要用功，没有辦不到的事。（鳳兒端着一盆水，一衹手裹還帶着一塊肥皂，上）到這小桌上來洗！這沙盤，等會兒排戲，總是要拿開的，讓我端走。（端沙盤）小秀！你來招呼她一下！（由洞門下。）

小秀　（放下劇本，走到凉棚下）把水放到桌上呵！肥皂放下呀！袖子捲起來！衣領解開！低着頭！手撳在桌上！向前一點！哦！辮子挽起來！好！向前一點！（以上每説一句，鳳兒都照着做。小秀也挽起袖子替鳳兒洗脖子）我的天，你這也真該洗一下了！還没使勁搓就是一層一層的泥！頭髮一陣汗臭！衣服都穿成光板了！没有虱子纔怪！把眼睛閉着，小心肥皂水進去了！唉，唉！辮子又散了！（一泓悄悄上，手裹拿着剪子，走到鳳兒跟前，出其不意，咔嚓一聲，把辮子剪下來了。）

鳳兒　（吃驚。立直）什麽！（用手擦臉上脖子上的水。）

一泓　（把剪下的辮子給鳳兒看）你的辮子！

鳳兒　（摸頭）我的辮子！（哭聲）爸爸要回來的！

一泓　你住在這裹，怕什麽？就是回去，也有我呀！

小秀　剪了好！剪了好！爽興把頭髮也洗一下！來呀！

鳳兒　（仍哭）有你也不頂事，他會收拾我的！

一泓　鳳兒！我跟你説過！一個人不能老是怕這又怕那，當怕的怕，不當怕的怕它幹嗎？

小秀 已經剪了，還管它幹嗎？來洗吧！辮子剪了還好洗些。（鳳兒無可奈何，又低下頭去。小秀一面跟她洗，一面笑問一泓）你說要跟她做的事就是這？

一泓 我早就要跟她剪了！真奇怪，把頭髮留得這麽長幹嗎呢？拖起像根猪尾巴一樣！

小秀 虱子！虱子！頭髮裏頭有虱子！冲到盆子裏了。别叫爬到我身上了！唉唉！這小鬼，真是！

一泓 要我跟她找點藥水，這地方的虱子可真多。有一陣子，我身上都有了咧，用過的藥水好像還剩下一些的，這辮子要燒掉它纔好咧。（把剪子放到小桌上，提辮子由洞門下。）

小秀 你看你，還不肯剪頭髮咧，一頭的虱子！（停一會）鳳兒呵，一泓同志多麽喜歡你，多麽希望你好，你要好好地聽她的話，跟她學習！你的那個什麽爸爸，誰都知道不是東西。他虧待你和你的媽！你在這裏，他不敢把你怎樣的。他回來了，我都可以去對他說，不許他再打你駡你！好了。你自己先擦擦乾，把手、膀子都洗一下！（自己擦了手。把手巾交給鳳兒，鳳兒接過手巾，照她說的做。）

一泓 （拿一瓶藥水上）來，跟你灑藥水！衣服、襪子，都找出來了，（走到鳳兒跟前，跟鳳兒灑藥水）放在裏頭，你自己去洗洗脚，換上新衣服，新襪子，再出來，看是什麽樣子。這水太髒，不要了，潑到坡坡那邊的溝裏去！（鳳兒端水由樹背後下，旋持空盆上，轉洞門下，一泓把瓶子放在桌上，又用抹布抹桌子）唉，總算做了一件事。這鄉下真落後，做點小事都像很費力的！

小秀 誰說不是？比如我們的學習小組吧，到人家去叫個女孩子出來認認字，讀讀書，又不要錢，又不躭擱她們家裏的事，可是全家都向你瞪眼，好像害了她，害了她們全家人似的。

一泓 不是說學習小組近來很有發展麽？

小秀　發展是發展，瞪眼也還是有人瞪眼的。

一泓　一天上幾點鐘的課？

小秀　兩個鐘頭，一個星期其實衹三個晚上是文化課，兩個晚上是唱歌，還有一次是請外面的人講話；談起講話，記起來了，差點誤了一件大事咧！

一泓　什麼事？

小秀　我是覺得好像一件事没有做，可總想不起是什麼事。這個星期是決定請英蘭同志去講話，就是今天晚上。我可到現在還没有通知她！又不知道她有没有工夫！（擬下）你們排戲可看不成了！

一泓　來得及，通知十回都來得及，看了排戲再走！

小秀　這不是好玩的，還要先知道她去不去咧！（擬下，回頭。）哦，我們也打算請你去講咧。

一泓　我可没有什麼好講的。

小秀　怎麼没有？就講戲呀！你不知道，提出你的名字，他們多麼歡迎。她們有些是看過你演的戲的，有些還想自己演戲咧。那些女孩子，接近了也怪有趣的，差不多個個都會講故事。

一泓　可是每晚鳳兒走了，我都要自己引娃的。

小秀　那不要緊，我們來接你，跟你抱娃娃，送你回來。

一泓　到時候再講吧。

小秀　好，我走了。没有什麼話帶給英蘭同志？

一泓　没有。一兩天就排《一個女人的翻身》，她已經知道了。

小秀　那就再見！

一泓　再見！喂，你把劇本掉在樹底下了！

小秀　可不？我的記性真够壞的！（拾劇本，下）

鳳兒　（上，低頭捲袖子，含羞）衣服太長了！

一泓　（瞥見，驚喜）鳳兒！美極了！這纔像八路軍的小戰士咧！來，我跟你把頭髮梳一下，剪剪齊。（同到凉棚下小桌跟前，替鳳兒梳剪）衣服大一點不要緊，捲起些，你還要長的，小鬼們誰不是這樣。晚上到青年隊，會嚇她們一跳，我們的鳳兒也跟他們一樣了，再没有可批評的了。她們可高興咧。叫她們告訴你打裹腿，打得上下一樣粗的那種打法，我還不會咧。你這幾天胖起來了，臉也紅起來了，再一改裝，真是説不出的好看，好了。（從口袋拿出一面鏡子）照照鏡子看，你還認得你自己麽？（鳳兒羞澀地對鏡，笑）怎樣？别説服裝什麽的不重要！以前，我看你就像天生下來受壓迫的，什麽希望也不會有，心裏想，她將來能做什麽呢？現在不這麽想了。你跟别的小鬼們一樣了，聰明、活潑、勇敢、進步，無窮的希望在等着你咧！哦，小鬼，我問你，你將來要做怎樣的人。

鳳兒 什麽將來要做怎樣的人？

一泓 你不能老是引娃呀，長大了做什麽事呢？變成個怎樣的人呢？

鳳兒 什麽叫做怎樣的人呢？

一泓 就是做什麽事的人哪。比如説，或者像指導員那樣，或者像小秀那樣，或者像你媽那樣，或者，或者像我這樣。

鳳兒 （笑）誰知道！

一泓 又是什麽誰知道，誰知道！你想想看！

鳳兒 （想了想）哈哈！（摇頭不語。）

一泓 説呀！

鳳兒 （不好意思）做，我想做，做像你一樣的人！

一泓 像誰？

鳳兒 像你。

一泓 嘘，我有什麽好！

鳳兒 （眼睛笑着）你怎麽不好呢？會讀書，會寫文章，會演戲。我衹要像你一小半一小半就好了。

一泓 不，鳳兒，做個指導員吧！嘴巴子也來得，筆杆子也來得，槍杆子也來得。

鳳兒 不！

一泓　不？這小鬼，爲什麼？

鳳兒　（低頭，斜過眼神，半晌）我就要做你一樣的人！

一泓　不，不！鳳兒！不能這樣！你不知道我是什麼人，不知道我的出身。我是有錢人家的小姐，抗戰開始那年，我還在大學讀書咧。不錯，我離開了家，參加了革命，可是已經養成了嬌生慣養的習慣，養成了知識分子的脾氣、趣味、想法。這些東西限制我參加更實際的工作，限制我跟群衆完全打成一片。革命，你懂不懂，革命是要許多許多人來跟帝國主義打仗，跟反動派打仗，是要拼你死我活的事情，不光是讀書，寫文章，演戲，攪得好的。自然，這些事也要人做，可不是最要緊的工作。你不知道我看見人家跟敵人拼死拼命的時候，我是怎樣恨我不該是一個小姐，不該是大學生，不該是知識分子。我一直在想改變，可一直都没有改變過來！你不同，你是貧農人家的女兒，吃得苦，耐得勞，懂得農家婦女的生活，能夠和她們生活在一塊兒，能夠發動她們起來參加革命！你會做比我重要得多的事！鳳兒呵，不要專愛念書，專愛寫字，還要愛上操，愛開會，愛集體生活，希望自己將來成爲一個能文能武的，從群衆中來，和群衆分不開的女革命家！這些話，你也許不完全懂得，可是你聰明，你會懂得話裏面的意思。你說，你懂不懂？

鳳兒　（遲疑了一回）懂得。

一泓　你是做像我這樣的人，還是做指導員？

鳳兒　做指導員！

一泓　我的好小鬼！（俯身摟鳳兒。）

一群演員　（在第一幕出現過的女演員領另一女演員，及三四個男演員，及拿着月琴、胡琴、笛、簫的三四個伴奏員，由遠處唱着歌，由洞外的路上。）

毛澤東，我們的旗幟！

四萬萬七千萬雙眼睛望着你！

四萬萬七千萬雙耳朵聽着你！
四萬萬七千萬雙手擁護你！
四萬萬七千萬顆心愛你！
四萬萬七千萬個生命交給你！
聽呵！
我們向世界高呼：偉大者毛澤東！
我們向過去高呼：勝利者毛澤東！
我們向未來高呼：開闢者毛澤東！

一切光榮怎樣屬於我們人民！
一切光榮更怎樣屬於你！

（一面唱，一面和一泓打招呼。）

一泓 怎麼衹你們來了！還有人呢？

女演員 他們就來。反正他們第二幕纔上。

一泓 鳳兒！把桌上的東西收進去！他們要排戲了。（鳳兒收拾鏡子之類，下。）

女演員 這小鬼變了樣兒咧。

另一女演員 可漂亮咧。奇怪，我們的這些小鬼，都一個賽似一個地漂亮。

男演員甲 跟我們的女同志們一樣。

女演員 別胡説八道了！不説話，没有人以爲你是啞巴的！

一泓 今天要從頭到尾排一次。排的辦法，你們都知道了：我不參加意見，完全由你們自己排，像在舞臺上一樣。排完了，我給你們總結一下。來，把桌子挪到當中，搬幾把椅子來，（演員們挪桌椅）就這樣！你們開始，我坐到旁邊看。（走到樹下，坐。）

鳳兒 （拿着換下的衣服，上）我把這拿到河裏去洗一下。

一泓 （笑）哪裏是洗衣服？改了裝，恨不得飛到青年隊去給人家看一下就是了！快點回來！娃兒等會醒了要你抱！

鳳兒　知道！（下。）

一泓　怎麽？開始呵！大家站在凉棚外面，誰上戲，就到凉棚裏去。凉棚就是舞臺，跟平時一樣。伴奏的坐在凉棚邊。一，二，三。（伴奏員試音奏樂，一泓退坐樹下。）

喜兒（女演員）　（獨進凉棚，唱）北風吹，雪花飄，雪花飄飄年來到。爹出門躲賬正七天，三十晚上還不回來！大嬸家給了玉茭子麵，我盼爹爹回家來過年。（作進門，關門，放下麵，打身上雪等狀，白）啊，今兒年三十啦，家家都蒸饃饃，包餃子，貼門神過年啦。俺爹出門躲賬七八天還不回來，家裏一點過年的東西都没有！（稍停。）家裏就是我爹跟我兩人。打三歲上就死了娘，爹種地，我跟後，風裏來，雨裏去，年年欠下少東家的租子，一到快過年爹就出去躲賬去了。今兒年三十啦，天這麽黑，爹怎麽還不回來？唔，剛纔到王大嬸家借些玉茭子麵，回來蒸幾個窩窩，等爹回來吃。（唱）風捲雪花在門外，風打門來門自開，衹盼爹爹快回家，一脚踏進門裏來。（白）爹出去的時候，擔着豆腐擔子出去的，賣了錢，稱二斤麵回來，那還能吃一頓餃子呢。（唱）我盼爹爹心中急，等爹回來又歡喜，爹爹帶回白麵來，歡歡喜喜過個年。

楊白勞（男演員甲）　（上。唱）十里風雪一片白，躲賬七天回家來，指望着熬過了這一關，雖冷雖餓也能忍耐。（作打門狀。白）喜兒！開門！開門！

喜　（開門驚喜狀）爹回來了！

楊　唔！不要大聲！

喜　（作給楊打身上雪狀）爹，外頭雪下得真大，您身上落了這麽厚一層。

楊　東家打發人來要賬没有？

喜　二十五那天，穆仁智來過一回。

楊　來過一回？説什麽來？

喜　他看您不在家就回去了。

楊　後來呢?

喜　以後再没來過。

楊　真的?

喜　真的，爹!

楊　（嘆氣）這就好啦。喜兒，你聽，風颳得這麽緊!

喜　雪下的這麽大!

楊　天也黑了!

喜　路也難走!

楊　我看這會兒穆仁智不會來了。咱欠東家一石五斗租子，二十五塊錢驢打滾的賬，這回總算又躲過去了。

喜　又躲過去了，爹!

楊　喜兒，抱把柴火叫爹烤烤火。

喜　（作生火狀）爹，您餓了吧!

楊　（作烤火狀）爹餓啦，餓啦……哈哈。

喜　王大嬸子給了點玉茭子麵，我捏了幾個窩窩，叫我給您蒸去。

楊　等一會，喜兒，你看這是什麽?（掏出小口袋。）

喜　（驚喜）什麽，爹?

楊　（唱）賣豆腐掙下了幾個錢，集上稱了二斤麵，怕叫東家看見了，揣在懷裏四五天。

喜　（作接過狀。唱）賣豆腐掙了幾個錢，爹爹稱回二斤麵，帶回家來包餃子，歡歡喜喜過個年。（白）我去叫王大嬸過來包餃子。

楊　等一會兒，喜兒，你再看這又是什麽?（作掏出小紙包，解包袱狀。唱）人家閨女有花戴，你爹錢少不能買，扯了二尺紅頭繩，給我喜兒扎起來。（喜蹲下，楊作扎繩狀。）

喜　（唱）人家閨女有花戴，我爹錢少不能買，扯了二尺紅頭繩，給我扎起來。

楊　哈哈，喜兒，一會叫你大春哥、王大嬸子過來看看!（作從懷中掏出物狀）喜兒，你看這個……

喜　門神！爹，我去拿糨子貼上它！（唱）門神門神騎紅馬！

楊　（唱）貼在門上守住家。

喜　（唱）門神門神扛大刀，

楊　（唱）大鬼小鬼進不來！

喜　叫要賬的穆仁智也進不來！

楊　好孩子，咱也過個平安年！（作關門狀。）

王大嬸子　（另一女演員）今兒大春從集上稱回二斤麵。我去看看他楊大伯回來了没有。要是回來了，喊他爺兒倆過來包餃子。嗯，他楊大伯準是回來了，看門神都貼上了。（作打門狀）喜兒，開門！

喜　誰呀？

嬸　是你王大嬸子。

喜　（作開門，肅容狀）大嬸子，是你呵，您看我爹回來啦！

嬸　你大伯幾時回來的？

楊　纔到家一袋煙工夫。

喜　大嬸子，我爹買回二斤麵，我纔説要叫你過來包餃子呢，你可先來了。

嬸　唉，好孩子，你大春哥回來了！也稱了二斤麵，還换了半升米的糖，我是喊你們爺兒倆過去包餃子的。

楊　先在這兒包吧。

穆仁智　（男演員乙上，唱）討租討租，要賬要賬，我有四件寶貝身邊藏。一支香來一杆槍，一個拐子一個筐。見了主家就燒香，見了佃户就放槍，能拐就拐，能誆就誆！（白）今天我們少東家叫我到佃户楊白勞家裏去給他辦一件事，一件心事，一件不叫人知道的事，一件那個事；少東家和我定下一計，先將楊白勞叫到少東家那兒去談談，走！（作走到狀）這回少東家叫我見了楊白勞和氣一點，對，咱就和氣一點。（作打門狀）老楊，開門！

楊　是誰？

穆　穆仁智。老楊，開門嘛！（楊等大驚，嬸、喜作藏起麵盆狀。楊作無力開門狀，穆作進門狀）老楊預備好過年了吧？

楊　穆先生，還没有動煙火哪！

穆　麻煩你一下，我們少東家叫你去一趟，有事商量。

楊　穆先生，我實在打不起租子還不起賬！

穆　哎，少東家請你去，一不打租，二不還賬，有事要商量商量，今兒年三十啦，少東家高興，有話好説，有事好辦。

楊　我……我……

穆　老楊，没有什麽，走一趟。（楊遲疑跟去。）

喜　爹，你……

穆　（作以燈照喜狀）不要緊，喜兒，少東家喜歡你，給你花戴，叫你爹帶回來。

嬸　（把豆腐包遞給楊）他大伯，披上吧，外邊雪下大啦。你到了那裏，給少東家跪上兩爐子，他總不能不讓咱過這個年嘛！

穆　是嘛！（推楊出門。）

喜　爹！

嬸　去吧，到大嬸家去包餃子！

（均下，第二場奏樂，男演員丙擬上，一泓制止。）

一泓　（站起帶笑）同志們，第一幕第一場完了。我講了不講話的，現在却要稍微講幾句。一般地説，比前幾次都進步了，可以拿出去了。楊白勞的聲音還嫌太年輕、太愉快。相反地，喜兒的聲音太悲，她以後的遭遇要比現在的悲慘得多，一開始就這麽悲，以後就難接下去了。要注意！好，上第二場！一，二，三！（坐下，奏樂）

黄世仁　（男演員丙上，剔牙，作微醉狀，唱）花天酒地辭舊歲，張燈結綵過除夕。堂上堂下齊歡笑，酒不醉人人自醉。（男演員丁飾作大升送水上。黄漱口，白）大升，去告訴老穆把耳房裏的楊白勞領上來！（升應下。黄唱）家花死了不重栽，園外自有野花開，這一帶土地歸我有，順手就把野花采。（白）殺不了窮漢，當不了富漢；弄不倒楊白勞，得不到喜兒！（穆領楊上。）

楊　（唱）廊檐下紅燈照花了眼，叫我老漢心不安，不知道這一回是何事，喜兒等我快回還。

穆　老楊，這兒走！（兩人作進門狀。）

黄　老楊來啦，請坐，請坐。老楊，家裏年貨都辦齊全了吧？

楊　唉，少東家，你不知道，大雪屯門十幾天啦，没柴没米，幾天都没有動煙火啦！

黄　是呵，老楊，你家裏不寬裕我也知道；可是一年又過去了，租子呵還是要麻煩你一下。（作翻賬本狀）你種我家是五畝地，去年拖下五斗租，今年夏天是一斗二升半，秋天再加上五升五……（穆在旁打算盤）還有你欠我的錢你記着，你老婆死的時候買棺材借我大洋五塊，前年又借了兩塊半，去年再借三塊，當時言明是五分利，利打利，一共是……

穆　利打利，利滚利，一共是七七四十九，九退一上一……一共是大洋二十五塊五毛，一石五斗租子。

黄　老楊，你看這白紙寫黑字，清清楚楚。今兒是年三十，這賬可再不能拖啦。你要是帶來了，當面交上，立地勾賬。要是没有帶來，就得想個法子！

穆　老楊，今天我們少東家把話説下了，大先生説一是一，决不改口，你一定要想辦法呀！

楊　少東家，我有什麽法子呢？我這個孤老頭子，没有高門貴友，叫我到哪裏想法子呀？少東家！（哀求。）

黄　哎……（作對穆示意狀。）

穆　我説老楊，這下子有辦法了，我們少東家給你指出一條光明大道，看你走不走？你去把喜兒領來頂租子！

楊　呵，什麽！（唱）猛聽説叫喜兒頂租子，好比晴天打霹雷，喜兒是我的命根子，父女倆死也不能離！（白）哎——少東家，穆先生，喜兒這孩子是我的命，她三歲多就没有了娘，我一泡屎一泡尿拉扯大的，一滴血一滴汗把她養活大的，我楊白勞這麼大年紀，這個孩子就當我一個兒子，我怎麼也離不開呀！喜兒，爹死也離不開你呵！

黄　（怒）不要給他説啦，快替他寫了個文書，叫他明兒把人送來。

穆　老楊，我替你寫個文書，你按上個手印，不就了結了麽？

楊　（拉住穆）你不能寫啊！（唱）我楊白勞犯了什麽罪，立逼我賣我親生女，當佃户當了一輩子，想不到落到這步田地！

黄　楊白勞，告訴你説，今天行也得行，不行也得行！（向穆）快寫文書！

楊　啊！（唱）老天單殺獨根草，大水浄淹獨木橋，我一生衹有這一個女，離了喜兒我活不了！

穆　老楊，想開點，我替你寫上。（作寫狀）立約人楊白勞，因欠主家黄世仁租子一石五斗，大洋二十五塊五毛，因家貧無法償還，願將親生女兒喜兒賣給黄家，以人頂債，兩情相願，决不後悔，空口無憑，立約爲據。好啦，説話爲空，落筆爲實。老楊，來按個手印吧！

楊　（瘋狂狀）少東家，你……你……我不能……

黄　去喊大升、黑二來把他捆起送到縣上去……

楊　（抖）呵，少東家，你還是把我送到縣上去……

穆　（拉楊手）快按手印吧！（强楊按上手印。）

（以上關於音樂方面，均照《白毛女》劇本規定。）

淘氣　一泓同志！（匆促跑上）一泓同志！（衆驚。）

一泓　什麽事！

淘氣　鳳兒！鳳兒！

一泓　鳳兒怎麽？

淘氣　鳳兒同我一路從青年隊出來，説到河裏洗衣服去，路上碰着一個老傢伙，一旱煙管就把她的腦袋打破了！

一泓　現在呢？

淘氣　給那個傢伙像拖死猪一樣地拖走了！

一泓　那傢伙是誰？

淘氣　她的爸爸！

一泓　這鬼東西回來了，淘氣，趕快去叫指導員到鳳兒家裏去！（向女演員）你們跟我招呼孩子，我到黄土坡去一趟來。（淘氣應聲匆下。）

衆　我們跟你一道去！

一泓　用不着你們。（匆下。）

（幕）

第四幕

另一窑洞的外面，也可以看見洞門，那洞門的樣式和一泓所居差不多，衹是窗格少得多，同時一望就可以看出這窑洞的破爛與陳舊來。這就是鳳兒的家。幕開時，鳳兒的媽正和一個客人坐在一個石桌的旁邊説話。

客人　我的兒子今年春上纔滿二十歲。身體結實得像一匹牛，做起活來抵得三個工。相貌長得像一個掌財發富的樣子，除了耳朵一點閉氣以外，渾身上下挑不出毛病。不抽煙，不喝酒，不打牌。讀過兩年書，什麽賬目都能看能寫，别人欺不了他。上無兄，下無弟。姐姐們都出了嫁，一個妹妹已經十八歲，年底也要出嫁。她們的媽是個吃齋念佛的老實人，連走路都怕踩死了螞蟻的，跟孩子們講話，聲音大點，就怕嚇着他們了。屋裏除了他們就是我，我，現在在面前，就是這麽和和氣氣，不喜歡管閑事的老頭子。長年病病鬧鬧，什麽時候都可以倒駕。我這塊老天牌一倒，家裏就是孩子們的世界了。家裏有一匹牛，兩匹毛驢，三頭猪，六七隻羊。

没有好多地。這時候興土改，誰也没有好多地呀。

鳳兒的媽 陳伯伯，請你不説了吧，我難過得很！你想，我衹有一個女兒，她還這麽小，我們又隔得這麽遠！

客人 請你明白，這不是我的意思，不是我提起來的。

鳳兒的媽 我明白，我什麽都明白。我們家裏那位王爺，有什麽他不想賣掉：要是地好賣，他早賣了。要是我還年輕一點兒，有人要，也早賣了。他不是把毛驢賣了麽？帶信回來還説是它自己死的。你今天不説，我們還不是瞞在鼓裏！現在衹有一個鳳兒，她還可以做丫頭，可以做小媳婦兒，她還值得幾塊錢！我早就曉得他會有這一着的。

客人 我説我的黄大嫂子，請你把話説得好聽一點兒！我們這裏没有什麽買賣的事情。你們不是賣主，我也不是買主，你們的女兒不是毛驢什麽的，她是個人。人口買賣，在我們邊區是不准許的，誰要買賣都犯法，請你不要這樣説，説出去了大家都没有好處。再説，我們的實情也不是買賣，我們是對親。你們的女兒許配給我的兒子。不過她早幾年到我家裏去，她遲早是要去的，有什麽要緊呢？不錯，現在對親不興要財禮了。我們都是舊腦筋，我的家景又從地上滚到蘆席上，高這麽一篾片兒，我自己心甘情願地出一點點財禮。就是這樣，這能算是買賣嗎？

鳳兒的媽 陳伯伯！你一看就會明白，我是個鄉下蠢婆子，什麽事情都不懂的。可是我心裏實在有許多話想説，不知道該不該説，也不知道怎樣説。本來這樣的家屋事，跟誰説呢？誰願意聽呢？誰聽了不是心裏想，這痴婆子在胡説八道一些什麽呀！把自己家裏的醜事都掀出來，是什麽意思呢？這幾年來，我總是啞巴吃黄連，把苦往肚子裏咽，今天，陳伯伯，你有這麽大年紀了，你自己也説你是個和和氣氣的人。不知你會不會笑我，如果會，我就不説。

客人 不笑。那怎講得上呢？請説吧！

鳳兒的媽 我不怕笑。你笑，我也還是説。反正你不是這裏的人，一兩天就回去了，你在你們那裏笑，誰也不知道。

客人　我爲什麽要笑呢？我不是喜歡隨便笑人的人。

鳳兒的媽　我快五十歲了。活得一天算兩個半天，以後的日子，好也罷，壞也罷。這些年來，我變得真像一個痴子一樣，在别人面前，連口也不開。爲什麽呢？因爲我覺得我比什麽人都低一個頭。我完全害在我們那位二流子、那位賭鬼手裏。我是個無用的人，我已經完了。我衹有一個女兒，我惟願她長大成人，惟願她比我有用，比我的日子過得好。我衹擔心一件事情，她也會跟我一樣，害在她的這位好爸爸手裏。我不嫌你，陳伯伯，你不是壞人，我看得出。你的兒子，雖没有看見，我也没有以爲他不好，也談不上嫌他。我衹是不願意答應這件事。你説這件事不是你的主意，是二流子的，我格外害怕，這些年來我還没有學會乖麽？什麽事衹要是他要幹的，就一定不會有好結果。好比趕毛驢，本不是壞事，多少趕毛驢趕發財的。他一趕就趕得連毛驢都没有了。

客人　你們家裏的事，我還不大清楚。黄大哥喜歡賭博，運氣不好也是實，不過我們這件事倒并不怎麽壞。無論黄大哥是爲什麽，我們總是正正經經當作對親來做的。我們不會虧待她，不會把她當作丫環使女，這一點請你放心！

鳳兒的媽　不！你還是不這樣説的好。我還没有鬆一句口咧！你不知道，一個女人，我是説，像我這樣一個鄉下的没有依靠、没有知識的女人，她該多麽無用，人家要把她怎樣就可以把她怎樣。她一點回手的都没有。不過，你要明白，這是説對於她自己。如果是對於她的兒女，如果是爲了保護她的兒女，誰也説不定她能發出多麽大的力量，做出什麽事情來！不是等到今天我纔想到要保護我的孩子，我早就想好了法子。

客人　想的什麽法子呢？

鳳兒的媽　我們自然窮，日子過得不大好，可也没有到鳳兒一定要到外面幫人家引娃纔有飯吃的田地！我把她送去幫公家人引娃，也就是一種法子。

客人 這怎麽是一種法子呢?

鳳兒的媽 現在的公家人肯幫老百姓的忙，衹要你有道理。這還不説，别看我們那位魔王，開口閉口都討厭公家人，説公家的壞話，説不怕他們；其實是怕得要命。他一回來，聽説鳳兒幫公家引娃去了，就跟我吵，要我去叫她回來。我纔不去咧。要去你自己去!他昨天出去了一天，没有把鳳兒要回來；不是要不回來，是他連去也不敢去。你没有看見前年公家派人來調查他的時候，他像老鼠看見猫一樣，嚇得衹是打哆嗦，要不是我幫他説了幾句話，够他受的咧。

客人 他爲什這麽怕的呢?

鳳兒的媽 你問他!行得穩，坐得正，怕什麽呢?怕，那就有怕的道理。我相信他今天也不能把鳳兒要回來!

客人 如果要回來了呢?

鳳兒的媽 那看他把她怎麽辦。如果還是要賣掉的話，哦，陳伯伯，我説得不好聽!這不干你的事，你是在誠心誠意對親，他却是在把她賣掉!如果還是要賣掉，别看他駡我不回口，打我不回手，到時候，我自然有法子。

客人 有什麽法子呢?

鳳兒的媽 我要跟他説：你不能賣，她不是你的女兒!

客人 怎麽?不是他的女兒?這是什麽意思?

鳳兒的媽 不是跟你説過了麽?我是個傻瓜，我要把自己的醜事都掀出去!别的你不必問，衹要明白她不是他的女兒，他不是她的什麽爸爸，這就够了!

客人 原來還有這麽一段故事!這真是!我怎麽這麽倒霉，這麽遠，專爲這事跑來一回!你説是不是，閉門家中坐，禍從天上來!我本來不認得他，他到我們縣裏去趕生意趕了幾回就熟了。不!應該説在一塊兒打了幾回牌就熟了。我看他做生意、打牌，都還直爽，纔慢慢好起來。今年通了錢財，二月間，借了我三千，三月間又借兩千，這回又借三千。衹見借，不見還。想是没有法兒還了，就向我提親，説衹要一點點財禮。我一想，除開以前借的，補給他的也有限，就答應了。好在還没有交，我要來看看，我要媳婦兒先過門。是不是，買根針也要先看鼻孔眼睛！

鳳兒的媽　你不是説不是買賣麽？

客人　嘻嘻，我又不是金口玉言，説話怎麽没有漏洞呢？比如你説你蠢、痴、傻，你還這麽會頂人！這且不説，如果你真要那麽説了，他不管，還是要賣，你怎麽辦？

鳳兒的媽　我不光是對他説就算了，我要向別人説，向公家説，我要跟他脱離，他不是我的什麽丈夫，我不是他的什麽老婆！我要把他趕出去！

客人　你要把他趕出去！這兒不是他的？不必再説，我已經明白了。可不可以先打個招呼：我是個外鄉人，惹不起是非，不要把我扯在裏頭！

鳳兒的媽　你肯丢手？不是花了八千血本麽？

客人　我不知道内情，早知道，壓根兒就没有這回事！

鳳兒的媽　謝謝你，陳伯伯！這也是我的一個法子，不等到那步田地，先就叫買的人不買。

客人　嘻嘻！你這個好鄉下無用的痴婆子！

（黄元拖鳳兒上。黄元穿着農民式的短褂，腰繫布帶，背後斜插着大旱煙管。凶狠冷酷、陰險，面孔鐵青。鬍尖一邊上翹。一手拖着鳳兒，另一手拿着鳳兒的衣服。鳳兒頭髮披散，臉上有血。衣服上盡是泥土。鈕扣已經不全了。以手掩面，不斷地哭。）

黄元　狗肏的，老子也抓到你了！我以爲你上了天！看見老子了還洋洋不睬，想跑開！你怎麽不跑開？怎不跑到你的恩人那裏去？怎不喊你的恩人來救你？怎不躲在你的恩人那裏一輩子不出來？現在我看你往哪裏逃？逃上了天，老子也要用煙杆子把你揪下來！（把鳳兒向地上一摜）跪下！給老子跪下！（把鳳兒的衣服往鳳兒身上摜去，鳳兒伏地哭。）

鳳兒的媽 （不等黄元説完）什麼事！什麼事！爲什麼發這麼大的脾氣！還有客人在這裏咧！

客人 好了好了，不要嗓了！

黄元 （問鳳兒的媽）什麼事？你没有看見？你的B眼瞎了！你看她還像不像個人？辮子也剪了，穿上個大兵的衣服，男不男，女不女？老子家裏什麼時候走出這樣的人來過？（向客人）對不起，陳大哥！（向鳳兒）還不跟老子跪下，滚起來！來叫陳伯伯！（鳳兒不理。）

鳳兒的媽 哦！真是！怎麼成這樣子了！我説她爸爸，虧你活了幾十歲，什麼事也不想想，衹曉得發脾氣！她一共有多大？她曉得什麼天地日月？她自己會要剪辮子？她自己有衣服换？"端人家碗，服人家管，"人家要怎樣，她能不聽？就把她打成這個樣子？（彎身扶鳳兒，替鳳兒揩泪，揩血，理頭髮。）

鳳兒 （抱媽腿）媽媽！（大哭。）

黄元 哼！"端人家碗，服人家管！"誰叫她端人家碗，老子不要端什麼人家的碗！誰也管不着老子家裏的人！

客人 够了！有話從從容容説。把人氣壞了划不來。

鳳兒的媽 誰叫她端人家碗？説得好聽！一出門幾個月不回來。帶個信回來，説是這也没有了，那也没有了！誰知道以後怎麼過日子呢？她去幫人家，家裏省點米糧也是好的呀！鳳兒，好孩子！别哭。是媽不好，是媽害了你！站起來，你看，家裏有客咧！

黄元 都是你這個臭婆娘，老子不在家，在家裏興風作怪！不知打的什麼主意，叫她去幫人！這幫得好，幫得頭髮都没有了！

鳳兒的媽 頭髮没有了，它不會長的？就是不長，小孩子家，有什麼要緊的呢？這世道，人家興這樣！

黄元 人家興，老子不興！老子家裏不許有這種男不男、女不女的臭婢子！

鳳兒的媽　在家裏對婆娘對娃兒逞威風算什麽呢？有本事到外面去叫人家也不興！

黄元　你還張着B嘴嚼什麽？要不是有客，老子……（抽出煙管子作欲打狀。）還不給她把衣服换過來！

客人　（以爲他真要打，急阻止）黄大哥，黄大哥！

鳳兒的媽　你狠！我們怕你！鳳兒來！跟媽到裏頭去！（牽鳳兒由洞口下。）

黄元　怎麽？你對她講過没有？

客人　講過了。

黄元　她怎麽説？

客人　她没有説什麽。

黄元　你看見了，没有騙你吧？就是這孩子，十三歲，可惜你没有看清楚，她又是這種不像人的樣子。等會她换好衣服出來。……

客人　我看清楚了。

黄元　怎麽，不錯吧？

客人　我没有説錯。

黄元　是呵，我相信誰都不能説錯。老哥，説一是一，説二是二，三萬，一個不能少，不能扣賬，當然那賬，我該很快就還給你。

客人　那好説。

黄元　那麽我們要很快就走！

客人　是。我要很快就走。

黄元　頂好就是今天就動身。

客人　對，我今天就動身。

黄元　你去牽你的毛驢。我到了延長，可以借到一匹。先，你們兩個兩個换着騎！後來，讓她騎一匹，我同你换得騎一匹。那孩子没有走過遠路的咧。哦，不必説的吧，動身以前，錢要交清楚！

客人　你没有聽清楚我的话。

黃元　什麽話?

客人　我説我今天動身。

黃元　你今天動身，你自己一個人動身？我們在後頭跟着來？那有什麽呢？有人問起來，你是你，我們父女兩個是我們，我們衹説在路上碰見的。

客人　不是這意思。我是説，你們不必去了。

黃元　怎麽？你變卦了？一定是那臭婆子跟你説過什麽話了！（怒向洞門走去）你跟陳大哥説過什麽！

客人　轉來！話還没有説完，你怎這麽大火氣！

黃元　（轉來）快説呀！你是不是嫌她的樣子不好？我的老哥，這是剪了頭髮，穿着那鬼衣了的緣故。等一會她出來你再看！

客人　不是不是！我説老黃，這件事要好好地想一下，這不是好玩的。

黃元　誰跟你好玩？我拿我的女兒跟你好玩？

客人　你想到過没有？邊區的法律，聽説是不許買賣人口，訂婚結婚，都不許花錢要錢的。

黃元　你這個老狐狸，你這個老吝嗇鬼，打的什麽如意算盤？到了今天，倒想賴我的財禮了！那可不成，頂多讓扣去一半舊賬，好吧，就讓把賬都扣掉吧，你總不能黑良心，要我白送個女兒給你！

客人　不是這麽説。叫做財禮也好，叫做買賣也好……

黃元　（急）我們不是講好了，對外面人不説出過錢的麽？你不説，我也不説，誰知道呢？狗屁政府禁止人口買賣，婚姻買賣，總不能禁止把訂了婚的女兒，養不起了，送到婆家去養吧？

客人　以前本來還容易辦，現在好像不是那麽一回事了。

黃元　你説難在什麽地方？

客人　那孩子在跟公家人引娃，你先没提起。

黃元　那時候我也不知道。

客人　事情一弄與公家人有關，公家一定會注意。又是調查，又是訪問，又是報告，結果是頭穿底落，誰也瞞不住，誰也逃不了！

黄元　你這個怕死鬼！公家會吃人？把你吃了！

客人　我這麽大年紀，一輩子没上過公堂，可不願到了快死的時候，還叫公家拖來拖去！如果官司打得贏，猶可説；跟公家打官司，那是跟自己過不去，半點贏的指望都没有！

黄元　你把公家説得像老虎一樣！公家能叫老百姓的女娃子跟他們的人引一輩子娃？好吧，今天我們不走，先叫鳳兒不跟公家人引娃了再説。我就叫她媽去對公家人説，她不去引娃了。

客人　所以我説我自己一個人回去。

黄元　那也用不着呀，這難道還要十天八天麽？馬上叫她媽去！（向内）鳳兒的媽出來！看你這個嘮叨鬼，還在那裏嘁嘁嚓嚓做什麽？

鳳兒的媽　（上）什麽事？什麽事？

黄元　衣服换了没有？

鳳兒的媽　换了。

黄元　你把人家的衣服拿去送還人家。跟人家説，鳳兒再不去幫她們引娃了。

鳳兒的媽　你到人家那裏去，没有跟人家交代一聲的？

黄元　我没有看見人家。

鳳兒的媽　没有看見人家，就偷着把鳳兒抓回來了？

黄元　什麽偷？自己要自己的孩子回來，還算偷？

鳳兒的媽　爲什麽看都没有看見人家，交代也没交代一句，就把她抓回來？

黄元　我没有到人家家裏去。是在路上碰見的。

鳳兒的媽　這好，人家還不知道鳳兒到哪裏去了咧！

黄元　所以你要趕去交代。

鳳兒的媽　怎麽我去交代？

黄元　你不去誰去？是你叫她去引娃的。

鳳兒的媽　我叫她去引娃，我没有叫她不去引。

黄元　你還想叫她去引？

鳳兒的媽 如果人家還要她引，爲什麽不可以去？

黄元 狗肏的！“城隍廟裏的鼓，三天不打上灰塵！”（怒向鳳兒的媽撲去。鳳兒的媽退避）老子要你認得我！

客人 （攔身阻止）老黄！老黄！

鳳兒的媽 我早已認得你了！

一泓 （在内）鳳兒！鳳兒！鳳兒！（由遠漸近。）

鳳兒的媽 好了，誰都用不着去，人家來了。（黄元與客人相顧失色。鳳兒的媽向聲音的方嚮）這裏！同志！這裏！

一泓 （匆上）鳳兒！鳳兒！鳳兒呢？

黄元 （假笑）嘿嘿！同志！嘿嘿，來了，嘿嘿，請坐！

鳳兒的媽 （指内）她在裏頭！

一泓 鳳兒！鳳兒！（由洞口匆下。）

客人 老黄，我走了，我不能在這裏惹是非。好在我的毛驢，包裹，都没有放在你這裏。（起身欲行。）

黄元 你到别處去打一轉也行，等會我來找你。可用不着就這樣真走。事情總會有個交代的，一屁工夫就可以弄好。

客人 我看你最好也死了這條心吧？這事情不好弄。那八千塊法幣票遲點還好了，算我背時，我可真走了，趁天還早，還可以趕幾十里路咧。再到綏德，還是到我家去玩。老黄，嫂子，打攪你們了。再見！（下。）

鳳兒的媽 （送客）陳伯伯，走好，慢待你了！

黄元 慢待你媽的B！都是你這婆娘！

一泓 （在内）鳳兒！你在哪裏？哦，這裏好黑！什麽都看不見！哦，好多蒼蠅！你在哪裏？不要怕，是我！我是一泓！抬起頭來，站起來！我們到外面去！（牽鳳兒上。審視鳳兒的樣子，替她理頭髮）哦！臉上這麽多血，頭上這麽大的一個洞！鳳兒！鳳兒！孩子！我的好小鬼！你，你，你怎麽啦！（忍泪，抱鳳兒，鳳兒大哭。口裏喃喃地説着聽不清的話。）

黄元　（冷笑，切齒，惡毒的聲音）同志，不勞你管我的家務事，這是我的女兒，我的女兒由我管！

一泓　就是你親生的女兒，你也不能打呀！在新社會裏，誰都没有權利打人！

黄元　親生的不是親生的，你同志管不着。你同志也没有權利干涉老百姓，干涉老百姓的自由！

一泓　你可不能這樣説！自由，自由，打人可不能自由！

黄元　（惱怒，高聲）可是你管不着，反正我的女兒不吃公家飯，不做公家兒！（不客氣地揮手逐客，一面向鳳兒的媽）死了麼？把衣服還給她，讓她走哇！（鳳兒的媽逡巡由洞口下。）

一泓　（心平氣和，和顏悦色）我説老鄉，咱們來好好地談談！你還没有回來的時候，我心裏就想，等鳳兒的爸爸回來了，我要到她家裏去看他，跟他談談鳳兒的事。你不知道，鳳兒這孩子又聰明，又純善，樣子又好，衹是没有受教育，我們要改造她，告訴她讀書、認字、打算盤、唱歌。……

黄元　同志，我看這些話都不消説得了。把鳳兒的工錢算得來，把她穿的你們的衣服拿去，她以後不幫你引娃，我家與你就不相干！（把吸過的煙管在石桌上磕的托托地響）怎麼衣服還没有拿出來。

鳳兒的媽　（捧衣服上）這上頭全是土、血，要洗一下纔成，同志要是不計較，就收回去吧！

一泓　你們這是什麼？當初不是你自己叫鳳兒引娃的麼？

鳳兒的媽　我現在也没有叫她不引。不過好同志，你還不明白，不由我作主，由她爸爸。

一泓　（接過衣服放在石桌上）有這麼便宜事麼？没有打她，没有駡她，没有少她工錢，爲什麼不叫她引？

黄元　你同志憑什麼打她駡她？憑什麼少她的工錢？她不希罕你的工錢，她就可以不引，你憑什麼要她引？

一泓　她没有説不引，她媽也没説不叫她引！

黄元 可是我叫她不引哪！

一泓 你講不講理？你壓迫她，不許她引！

黄元 哦？你要强迫她引？

一泓 你要强迫她不引？看是你强迫還是我强迫？

黄元 對，看是你强迫還是我强迫？叫她自己説，叫她自己説！鳳兒，（把煙管在石桌上示威地磕了兩下，指着鳳兒）看見了没有？你老子在受人欺負！你説，你是要幫她引娃，還是不引！你説！你説！（鳳兒不語。）

（英蘭、小秀、淘氣同上。）

英蘭 老鄉！什麽事？

黄元 又來了幾個！講打架麽？人多成王！

鳳兒的媽 同志們來了，請坐！

英蘭 （微笑）老鄉，别生氣！我們不是來打架的，没有什麽事用得着打架！一泓，看你氣得這樣子！

一泓 本來氣人！他硬不許她引娃，恃其他是她的什麽爸爸？他説叫她自己説引不引，可是又拿煙管指着她，當然她怕打，怎敢説引呢？

英蘭 是這麽一回事！你先别氣！老鄉，咱們先談談。女兒是你的，本來你叫她引她就引，你叫她不引就不引。你既然很民主，叫她自己説，這就更好。（向鳳兒）你不忙説！（向黄元）現在她還没有説，不知道她是説引還是不引。依我看，你是她的爸爸，她跟你們一塊兒過了這麽久，以後還要一塊兒過日子的，她多半是説不引。如果那樣，包在我身上，我們的同志决不説句二話！（向一泓）是不是，一泓？（一泓點頭）我們并不一定找不到引娃的，你看，這個孩子，（指淘氣）本來是説來引娃的。她不引娃，自然是在家裹囉，請你以後待她好點！

黄元 我有什麽待她不好？

英蘭 （微笑）自然没有。我是説，還好一點！我知道，老鄉們的心都是很好的。衹有一樁，有時候發脾氣，脾氣來了，自己也不認得自己，手裏拿的不管是什麽就不由自主地向孩子頭上打去了。鳳兒頭上不還在流血麽？這且不説。萬一那小鬼，我是説你的鳳兒，説出來是要引，那怎麽辦呢？

黄元　叫她去好了。

英蘭　説話算不算數？

黄元　（低頭）算數！

英蘭　不算數怎麽辦？

黄元　你要怎麽辦？

英蘭　你説過，我們人多成王，我們就先把她帶走，你要講道理，咱們慢慢地講！

黄元　笑話！我正跟你們講道理，我還講得贏你們？帶走就是了！

英蘭　小秀！鳳兒的媽！你們都聽見了！鳳兒，好孩子！現在你説，你是願意引娃還是不引？照心裏的話説！

小秀　慢點！（低聲向鳳兒）你要怎麽説，先告訴我聽聽！

一泓　不要害怕！

黄元　你要亂説，小心你的皮！

英蘭　你們這是幹什麽？讓她自己説？

鳳兒的媽　不忙！不忙！鳳兒，别説！我説鳳兒的爸爸，你這是幹什麽呢？她這麽小，曉得什麽好歹，叫她自己説，她要説引娃，你不發脾氣？怕你發脾氣，説是不引，又不是真的意思。這不是故意叫她爲難？我看……

黄元　你多什麽嘴？

鳳兒的媽　她是我的女兒，我爲什麽不能説話？我看，叫她引娃，也没有什麽不好；頭髮剪了，會長起來；衣服换了，不引娃了也可换回來，再説，又有什麽不好呢？你不喜歡看，那是因爲你没有看慣，看慣了還不是一樣？她衹去了十幾天，工錢也不好算；現説起不引，一刻到哪裏找替工？不如叫她做滿了一個月兩個月再回來。

黄元 你是幹嗎的？誰叫你來轉彎帶和的？引娃没有什麽不好，剪了頭髮，换了衣服，没有什麽不好！對，你怕我不知道？可是誰跟我説過：姓黄的，叫你的鳳兒跟我引娃吧？

鳳兒的媽 你不在家呀，人家跟我説過呀！

黄元 住嘴！誰跟我説過：我們要跟你的鳳兒剪頭髮，换衣服了？

一泓 老鄉，你問鳳兒，我們早就要找你談，你回來了，我們不知道呵！剛纔我還要跟你談，你不肯聽！

黄元 對不起，同志，請你讓我説！現在是不由我作主，誰要她怎樣都可以，衹有我不行。我一開口，就是壓迫，强迫！好，我不强迫，叫她自己説，看她説出個什麽來！

鳳兒的媽 你就是這牛脾氣！同志們，你們大人大量，不跟他計較，就讓鳳兒回來過幾天，等他氣消了，再叫她來。

英蘭 這不是脾氣不脾氣的事。我們有言在先，不是找不着引娃的。没有鳳兒，我們的娃兒就不引了麽？不過你要知道，我們不但看自己的娃兒看得重，要撫養他，教育他，讓他有知識；看别人的孩子也一樣，願意教育他，讓他有知識，將來能做大事。我們不虐待自己的孩子，不願意自己的孩子受别人的壓迫；也不願意别人虐待他們的孩子，不願意别人的孩子受壓迫。鳳兒不引娃，可以。但是她要受教育，到我們辦的學習組、識字班去讀書好了。更重要的是她的爸爸不能打她駡她。像現在這樣，一打一個洞，一打一個包，我們不知道，没有辦法；知道了，總是要説話的。這就是今天在這裏好像跟人家搶一個女孩子的理由。

鳳兒的媽 好好，同志，講得好，那就不必鳳兒講什麽了，鳳兒的爸爸，你以後當然不再打鳳兒了囉，那麽對同志們這樣説一句，鳳兒就可不去引娃了。

黄元 我對她怎樣，是我的事，用不着對誰説！

英蘭 還是叫鳳兒説吧！

鳳兒 我説，我説，（抬頭，靠在英蘭身邊，指着黄元，帶着哭聲）你，你壓迫我，你不民主！你是帝國主義！我不由你！我不要在家裏！我要引娃，要進青年隊！

一泓　（勝利）怎樣？

小秀　（得意向黃元）再没有話説了吧？

淘氣　（跳躍）鳳兒可説得好哇！

黃元　（氣極）由你的！反了天了！不許去，説不許去就不許去！隨你們怎樣，就是不許去！

鳳兒　（向衆）他要賣我，賣到綏德去！（四顧）哦，那個人呢？來買我的那個人到哪裏去了？

黃元　你胡説，你放屁！（向鳳兒撲去，英蘭搶先站在鳳兒前面。黃元頹喪地回頭向鳳兒的媽）你這老狗，你對她放過什麽屁了！

鳳兒的媽　怪我什麽事？你們在外頭大聲大氣地東説西説，她聽不見？

一泓　對了，我來的時候，這兒是還有一個人的！

小秀　這麽一來，事情可就麻煩了吧？邊區是不許人口買賣，婚姻買賣的！

黃元　（慘敗後狡辯）我賣了没有？賣了没有嘛？

英蘭　老鄉，如果你想過要賣她，我們就更不敢把她留在家裏了。好在没有賣成，我們也不追問。現在她已經説過要引娃，説話算話，我們要帶她走了。淘氣，跟鳳兒把衣服拿着！

黃元　你們拆散我的家庭！

小秀　各人心裏明白！你的什麽家庭！

一泓　你的這家庭還不該拆散！

淘氣　你比我的爸爸還壞！

英蘭　（微笑）你放心，没有人拆散你的家庭的，女兒還是你的。我們不過讓她受點教育。祇要你願意，我們也可以改造你的！（向大家）走！

（衆人轉下，碰見女演員領全體演員上。）

女演員　怎樣了？

英蘭 没有事，没有事！我們回去了！

鳳兒的媽 鳳兒！要好好引娃，聽同志們的話，用功讀書，媽過一兩天來看你！

全體 （黄元、鳳兒的媽除外）（一面下，一面唱歌）毛澤東，我們的旗幟……

黄元 你這婆娘！都是你搗鬼！你把什麽話都説出來！差一點要了老子的命，依得老子的脾氣，（舉煙管）揍死你這老母猪！

鳳兒的媽 （迎上）你揍，你揍！

黄元 （欲揍，旋頹然退。把煙管向地下一摔）媽的！這世道，這世道！……唉！世道變了！

歌聲 我們向世界高嘯：偉大者毛澤東！我們向過去高呼：勝利者毛澤東！我們向未來高呼：開闢者毛澤東！

（幕於歌聲中下。）

一九四九，六，一三，香港

十一周年

（新聞影片脚本）

上海某弄堂的早晨。貪了睡的娘姨在太陽底下刷馬桶。送牛奶的坐在三輪脚踏車上開挂在人家後門口的牛奶箱。提着籃子上街買菜去的大肚子主婦和娘姨們從幾個後門裏出來。挂着書包的小學生一路走，一路咬麵包，一路擦鼻涕。兩三個賣報的在馬路上跑，一個跑進弄堂，口裏不住地喊：

"《申報》，《新聞報》，《時報》，《時事新報》!"

一份報從一家竈披間的窗户裏丢進去。一隻手拾起來。一隻手遞給另外一隻手。報紙展開翻動——

> 本埠新聞
>
> 今日"五卅"十一周年紀念
>
> 黨政紳商晨赴墓園公祭
>
> ……

近郊的路。排列的樹。田野。五六個挑着菜，和别的什麽擔子走着的鄉下人。

"Dududu!"

流綫型的汽車飛跑。車後頭是揚起來的灰土和放出去的油煙。鄉下人躲路邊。汽車擦過。灰土，油煙。

"Ace!"——鄉下老頭子打噴嚏。别人笑。一齊向早已飛過去了的汽車瞪眼。一路走一路口裏咕嚕。又是汽車，灰土，油煙。三四架汽車前前後後地跑。另外的小路上好幾條狗在互相追趕。

五卅公墓全景。墓園大門口新搭起的牌樓。四五個守門的警察。七八架汽車停在門口。每架車裏先走出大塊頭保鏢。各色各樣的要人從車子裏出來。紀念碑。公墓。墓門。墓門的碑，碑上的字。墓門的香案，花圈。要人們上祭壇，排列——全副武裝的，中山裝的，西裝的，長袍的，長袍馬褂的，十來個人。園門外幾個看熱鬧的鄉下人，踮起脚，張開口，向園裏瞧；口裏咕嚕咕嚕。聽得見的裏頭司儀的喊：

“一鞠躬！二鞠躬！三鞠躬！”

頑皮的孩子們爬在圍墻上瞧。一個孩子失手，跌倒，哭。別的孩子們有的哈哈大笑，有的跳下來扶起。警察拿着警棍來吆喝。孩子們跑散。要人們出來，排列，隨便説笑。照相機；把頭伸進搭在照相機上頭的黑布裏的照相師。要人們的臉——腸肥腦滿的紳士，面黄肌瘦的老槍，濃眉大目的武官……排列等了一下。散開。游覽。

“這裏的風景倒不錯：空氣——aa!”老槍説着打了一個呵欠。不知是發了癮還是起來早了的臉。

“聽説天後宫今天又要開會?”胖紳士問軍官。軍官點頭。

“開會?國都要亡了，還開的什麽會呢?”——老槍。

“可不是麽?就説要救國吧，開會開得好麽?老×没有辦法，你們有什麽辦法呢?”——胖紳士。

“不要緊，已經關照過總巡捕房了!”——軍官。

“簡直是搗亂!聽説一個姓什麽的，爲什麽不抓——aa!”——老槍。

上汽車。汽車開動。鄉下人在灰土、油煙裏不見了。七八架汽車全在郊外跑。五六架在冷静的街上跑。三四架在熱鬧的街上跑。流綫型的汽車變成大警車。

“Dududu……!”

走在前面的車、馬、人都争先恐後地讓開。警車停在北河南路蘇州河邊。每架車上跳下幾十個巡捕。蘇州河邊的風景。巡捕站隊，開步走。十字路口交通警察的指揮，來往的交通停止。附近趕來的看熱鬧的人。蘇州河的大橋。橋上憑欄密集着的雜色人等，用手在額前遮住太陽，遠遠照着巡捕，瞧着大警車，車上頭的大探照燈；瞧着蘇州河邊的天后宫。

天后宫的大門。守門的警察，兵士。川流不息地向裏頭走進去的雜色人等。對着天後宫排列着的巡捕的隊伍，一隊兩隊三隊；帶隊的外國警官，警捕背上的槍，手裏的警棍。橋上，河邊的群衆擁擠，喧嚷。一個人被擠到巡捕跟前，一個巡捕舉起警棍：

“弗要哇啦哇啦!”

密集的群衆越來越多。幾個人離開，向天后宫走去。從别條路上來的人也朝天后宫走去。走進天后宫的人偷眼瞧到巡捕的隊伍。

五卅十一周年紀念大會會場

會場窄小的門。剛來的人在門口擁擠，踮脚，伸頭，向裏頭望。全場滿滿地密集着的雜色人等。雜色人等的移動。短衣幫的工人，布大褂的店員，赤脚的鄉下人……年齡，衣着，面容，身分的差别。人們臉上緊張的表情，額角上的汗。各種傳單、刊物從這隻手遞給那隻手。用刊物當扇子揮着的人。主席臺，臺上的講演者。主席團人物的移動——長袍，矮小秃頂，大頭，長鬍子，像畫上的壽星的老頭子；高大斜眼的西裝紳士；長着一張老太婆的面孔，穿着樸素的西裝的年輕小姐；戴打烏帽的大學生；有一張永久洗不乾净的面孔的工人……主席團胸前的符號。全場的鼓掌，頓脚，歡呼。一個短長褲瘦弱的女工上臺，向全場點頭答禮。站在後頭的探頭張望。女工的講演：

“今天是五卅……”

複寫 1. 南京路高大的商店，大減價及各樣的招牌旗子。2. 游行的群衆喊：“打倒××帝國主義!”、“援助南京慘案!” 3. 巡捕的隊伍開槍。群衆的散亂，吼叫，跌倒。4. 被扶起的受傷的人。5. 被打死的尸首。

全場熱烈的鼓掌。在窗臺上吼叫的小學生們。在會場門口向裏擁擠的人們。講演的女工：

“九一八以來……”

複寫 1. 沈陽政府的大門，熱鬧的市街，雄峻的北大營。2. 沈陽的夜間。3. 夜行軍的馬隊，馬蹄的聲音，黑暗中的太陽旗。4. 北大營的動亂，“不許開槍，不許開槍”的喊聲。5. 闊人的夜會，年輕的軍官，美麗的少女，音樂隊的合奏，一個少女倒在一個軍官懷裏，全場的狂笑，飲酒。6. 黑夜中的馬隊的蹄聲。7. 沈陽的黎明，晨風中飄颺着的太陽旗。

講演的女工：

“中國的領土……”

複寫 1. 完整的中國地圖。2. 奔走着的馬隊的馬蹄，馬蹄的聲音。3. 招展着的太陽旗。4. 老幼男女奔逃着的群衆。5. 地圖上的國界，國界的縮小。

“Pungtung!”

一扇窗門擠掉，落在會場外頭，粉碎的玻璃。全場的激動。講演的女工。

“漢奸，賣國賊……”

在會場遞來遞去的傳單。發傳單的西裝青年。一個人看傳單，傳單上的字：

改組救國會！ 打倒包辦救國運動的××分子！ ……

講演的女工：

“打倒日本帝國主義！”

鼓掌，頓脚，吼叫。

“打倒漢奸賣國賊！”

鼓掌，吼叫……一個人喊；

“有漢奸！有漢奸！”

一隻手從後頭抓住西裝青年的領子喊：

“在這裏！在這裏！”

群衆的吼叫：

“打！打！”

拳頭巴掌的起落。散落的傳單。紊亂的會場。西裝青年在人叢裏竄跑。

“打！打！”

拳頭，巴掌的揮動。帶着傷痕和血迹的西裝青年的臉。扯破了的衣服。西裝青年從側門逃出。側門外頭的院子，站滿了等候着的雜色人等，堆滿了布的紙的大的小的旗子。人們來回的走着談着。聽得見的會場裏的鼓掌聲，吼叫聲，亂雜的脚步聲。各種聲音突然的響亮起來。出來的群衆。走在群衆前頭的主席團——壽星，西裝小姐，大學生，工人……旗子的分發。兩個工人在前頭扛着一把横的大旗：

上海各界救國聯合會
五卅烈士公祭典禮

群衆的鼓掌，吼叫，站隊，隊伍的移動，門外的巡捕變換排列，包圍着大門。南北交通的阻斷。交通警察的指揮。來往的汽車，大車，搬場車，公共汽車，黄包車……一齊停止。橋上以及附近的群衆的憤怒的表情。裏頭移動着的群衆喊：

“衝！衝！”

門口西裝紳士從口袋裏掏出名片和外國警官交涉。警官的摇頭。橋上和附近的群衆的吼叫。過路的車馬行人的加多。裏頭的隊伍喊：

“衝！衝！”

西裝紳士的指手畫脚。外國警官摇頭，指揮巡捕讓路。南北的車輛行人走過。裏頭的隊伍出來。迎面走來的隊伍。橋上和附近的雜色人等向隊伍走來，會合。北河南路大街。兩旁看熱鬧的人。走向馬路的隊伍的側影。從後頭望上去的隊伍的各色紙旗的摇動。在弄堂口等候參加的群衆，從自己身上掏出紙旗、傳單。乘着脚踏車，車上插着紙旗，在隊伍前頭來回地走着的交通隊。穿着白衣，背着藥袋，臂上釘着紅十字，在隊伍兩旁走着的救護隊的小姐們。脅下夾着大包傳單在隊旁邊走着，沿途散髮的男女青年。迎面來的隊伍。“公祭典禮”的大旗，旗下背着花圈的青年工人，胸前挂着符號的主席團。

上海學生救國會——大旗。

穿西裝褲的男學生，穿旗袍的女學生，穿制服的小學生。男女學生的挽手。愉快的面容。

上海婦女界救國會——大旗。

穿旗袍，光腿杆，半高跟鞋的漂亮小姐，穿西裝的漂亮小姐，短衣短裙的小姐們混在成群的女工裏頭，互相挽着胳膊。大肚子的女工。衣服破爛的女工。年紀大、脚小的女工。

上海職業界救國會

工人，店員，赤脚的粗人，肥胖的商店老闆……

上海文化界救國會

“打倒××帝國主義”！

“打倒漢奸賣國賊”！

“反對三大原則”！

“反對防共政策”！

“争取救國自由”！

群衆的喊聲。傳單在街上飛，飛到在兩邊站着的人手裏，飛到走路的人手裏。飛上黄包車，公共汽車，汽車。旁的路上趕來看熱鬧的人。二樓三樓的露臺上的人。看傳單的人。談話的人。在街上拾傳單的人。隊伍穿過横的馬路，兩邊的車馬停止。在黄包車上站起來看的人。

“歡迎參加！歡迎參加！”——隊伍裏的聲音。

一個烤燒餅的解開了圍裙走來了。一個綢緞店裏的店員在店裏打了一下招呼，走來了。幾個坐茶館的給了茶錢走來了。大概做過法事回廟去，手裏還帶着響器的和尚們，下了班的警察，經過一番勸誘，也走來了。在馬路上白相的孩子們連跑帶嚷地走來了。提着荸薺籃子，甘蔗籃子，枇杷籃子，燒餅油條籃子的人們跟在兩邊。不能走來的用愉快的眼色送着。抱着孩子的母親們在露臺上向下面揮手。穿和服和木屐向隊伍這裏走來的××人彎着岔路。

上海××印刷廠

樓上擠着向下面瞧的工人們。路上向上面摇着旗子叫着吼着的隊伍。

"歡迎參加！歡迎參加！"

應和着的工人。向裏頭跑的，下樓的，出大門的；鞋後跟給别人踩了的，給門檻幾乎絆倒了的……

"打倒××！打倒××！"

"除漢奸！除漢奸！"

"全國武裝起來！全國武裝起來！"

"救中國！救中國！"

群衆的歌聲。在街上，在田野。齊一的脚步。

没有警察守門了的墓園大門，大門的牌樓，牌樓上的對聯：

賣國漢奸滚出去

愛國同胞請進來

十幾個鄉下人站在坡子上，用手遮住前額。遠遠的隊伍。女人們，孩子們，狗們，向墓園跑來。賣水果的提着籃子，賣茶的提着茶壺跑來。遠遠的悠長的隊伍。小孩子們跳躍，哄笑。狗們來回地跑，汪汪地叫。越走越近的灰土裏的隊伍。迎面來的交通隊。迎面來的大旗。鄉下人們的歡喜的面孔。交通隊走着走着變成全副武裝了，迎面來的隊伍也變成全副武裝了。背着槍，繫着皮帶的壽星，西裝小姐，大學生，工人越走越近的愉快的姿態。快要落土的太陽。地下移動着的悠長的影子。迎面來的大旗：

上海各界救國聯合會 五卅烈士公祭典禮

走着走着，變成：

中華民族解放萬歲

Dadadadi——行軍號。

Dang drandang——銅鼓。

On ong——飛機。

Xungtung——大炮。

Gegege——坦克車。

悠長的武裝隊伍。隊伍裏的歌聲。隊伍前面的大旗：

中華民族解放萬歲

“完”——字幕。

附記：爲了一般讀者的方便，没有用電影上的術語（祇有“複寫”和“字幕”兩個）。如果可以攝製，導演先生一定可以把鏡頭配置得很好的吧。這是初次的嘗試，當然不好，希望讀者指教，尤其希望電影界的朋友們的内行話。

（原載 1936 年 7 月 1 日《現實文學》月刊第 1 期）

突　擊[①]

第一幕

時間　一九三八年的初春，在黃昏後。

地點　太原的附近，在山坡上。

人物　石頭　三十多歲，忠厚淳樸的農民，背着大鐵鍋。

童先生　村公所的所長。四十多歲，忠實，頑固，帶着一個包袱。

福生　十三四歲的男孩。活潑天真，帶一把日本小刀。

田大爺　五十多歲，倔强，執拗，扛着扁擔。

田雙銀　田大爺的孫女，十六歲，頑皮憨厚。

李二嫂　三十歲，拿着一件小孩的棉斗篷。

幕開：一群疲倦零亂的人影出現在左邊的山坡上，一會兒就走進山峽裏去了。福生突然在對面的石坪上出現。

福生　（大聲呼喊）童先生！童先生！（沒有回應，又招手）石頭！石頭！到這兒來呀！（仍無回應。）

童先生　（疲倦地爬上石坪）你吵什麽！你這小鬼！不要命啦？叫日本鬼子聽見怎麽辦哪！

福生　我沒有喊，我招呼你呢！

---

① 與塞克、端木蕻良、蕭紅合作。

（石頭，李二嫂上。）

石頭 去你媽的，滚蛋！

童先生 還裏還好，就在這裏歇下吧！……哎呀，好冷，福生，你到那邊去揀點樹枝來燒火。

（李二嫂疲倦地偎坐一旁，福生去弄火，石頭拉過童先生的包袱往屁股底下一坐。）

童先生 哎，不能坐，不能坐，起來！

石頭 什麽坐不得？

童先生 不成，不成，你知道裏頭有什麽東西？

石頭 管他什麽東西，這年頭連命都不知道是誰的呢！

童先生 （搶過包袱，解開，慎重地，雙手捧出靈牌，找地方安放，無可奈何地摇頭，自言自語）唉，連祖宗的牌位都没有放處了。（又拿出一個小包）嗯，這個也没丢。

石頭 什麽？

童先生 這是村公所的官印。

石頭 他媽的，全村子的家財人命都没有了，你還帶着這破印幹嗎？

童先生 （又拿出户口册來翻閲着）高大東家的房子燒得片瓦不存了。（翻一頁，手指停在一個名字上）他大年初一還給我拜年來着呢，這纔幾天就死得這麽慘！……

（福生站在童先生背後看着，童先生正翻過一頁，他立刻給翻回來。）

童先生 你翻什麽？

福生 李家豆腐房的那個小毛驢也完了。

石頭 你怎麽知道的？

福生 剛纔我從破墻口鑽出來的時候，那李磨官正在倒豆腐渣呢。五個日本兵進去，問他要肉吃，他没有，他説有豆腐。他們還説，還説，不要，不要，後來又説要，説“八個”。李磨官他就拿來八塊豆腐，他們就踢他，李磨官就往後退，一下子跌在小毛驢身上，小毛驢一抖蹶子，一蹶子没踢着日本鬼……（眐了。）

童先生　後來又怎麼啦？

福生　那小日本一槍就把小毛驢給打死了。……他們就在竈裏燒火，用刺刀來切肉，他們連毛也没褪呀！……那李磨官抱着驢腦袋還哭呢，那驢的兩耳朵就撲棱撲棱的……

石頭　我説不出來，你非要我出來，我家的叫驢也不知怎麼樣了。你看，現在就隨便讓人家胡作非爲了。

童先生　出不出來，還不是跟驢一樣的下湯鍋？

石頭　出來又怎樣？跑到這兒荒山僻野的，吃什麽，喝什麽？慢慢的還不是得回去幹？

童先生　幹當然也得有個幹法。

石頭　什麽幹法。還不是他媽個打？今天不打明天也得打呀！要等明天打，何不今天就打呢？

童先生　要打，你也得合計合計呀！孔明用兵還得看着天時地利人和呢？

石頭　你總有你那篇大道理，可是什麽也做不成。比方説，那回抓漢奸吧，依着我就使小刀子捅了，你還要問，還要審還要具結，弄得五花八門，結果漢奸還不是跑了！

童先生　我是爲大家着想哪！我是爲了公義，我也不是成心放了他呀！要是誤殺了人命，是我來擔不是哪……

石頭　你擔不是，他媽的漢奸跑了，你又不擔不是啦！

童先生　那你要把事情弄清楚一點，那是看守的疏忽啊。……

石頭　我不管你什麽看守不看守，當初我們把漢奸交給你的，我不管你交給誰，漢奸跑了就跟你要。漢奸該宰，你把漢奸弄跑了，我們就宰了你作替身！

童先生　你真不講理，怎麽“跑了和尚抓秃子”呢？

石頭　你看，那漢奸跑了，他把日本人邀來了，弄得我們家破人亡。這都是你！都是你！

童先生　那是一回事，這又是一回事，一馬管一馬，你别胡攪蠻纏！

石頭 我胡攪蠻纏？誰胡攪蠻纏啦？不是他邀來的，是你邀來的？我告你去！是你通敵！你勾結敵人！

童先生 你告誰去？你上哪兒告去？

石頭 上哪兒告？……（舉起拳頭）認識嗎？就上這兒告你！

李二嫂 （急躁地）吵哇，吵哇，一路就吵，怎麼不叫日本鬼子打死呢？你們没日子好吵啦？

石頭 我没日子啦？我看是你！你男人死了，孩子死了，公公又死了，這回該輪到你啦！……孩子都死了，你還從日本人手裏把孩子的斗篷搶下來當寶貝哩！呸！

李二嫂 我要是死倒好啦，可是又不死……死……

童先生 哎，你又跟她發火啦！

石頭 跟你也没完呢！你以爲我就饒了你了嗎？

（福生玩弄斗篷，被李二嫂搶下。）

李二嫂 你不要動！

福生 小鴉活着的時候，我抱都抱過的，連斗篷都不讓我摸了，小氣鬼！

童先生 （向福生）你到山上去看看田大爺來了没有，這半天還走不到……

福生 （唱着跳着走了）日本鬼兒，喝涼水兒，來到中國吃炮子兒；日本鬼兒，損到底兒，坐火車，翻了軌兒，坐輪船，沉了底兒……

童先生 （叫）福生！你要早點回來，别跑丢了呀。

福生 知道啦！

童先生 這孩子這樣小年紀就死了爹娘，連個親人也没有……

石頭 （没好聲没好氣的）親人，我們不是他親人嗎？

童先生 我們不過是一個村上住着，既不是他三叔，又不是他二大爺，我們不過是看他可憐……（沉默）我哪一次看見他的刀子，我就痛心，媽媽讓日本鬼子給欺負了。從敵人手裏奪下來的刀子還天天拿着……

石頭 别嘮叨，嘮叨啦，霉氣！

（童先生坐下來向靈牌呆看。）

石頭　（用石塊刮鍋底）媽的，你祖宗的墳都給日本鬼子刨了，你還把靈牌帶出來，“活時不孝死了亂叫，”他媽的假惺惺！

李二嫂　石頭！你少說兩句好不好！

石頭　臭女人，也來說我！我說我的，礙你什麼事？

童先生　（對李二嫂）哎，不要理他！“寧跟君子吵頓架，不跟小人說句話。”

石頭　我他媽是小人？我又不偷人摸人，到處揹黑鍋，我還是小人？我要是小人，天底下没有好人啦！（刮鍋底。）

童先生　商量點大事吧，弄個破鍋幹什麼？

石頭　幹什麼？不吃飯啦？

童先生　哎，我真昏了，怎麼現成一袋子頭號洋麵没帶出來呢？

石頭　有十口袋，不帶出來也是没用。

童先生　那怎麼辦呢？

石頭　怎麼辦，想法子弄飯吃，怎麼辦？

童先生　鍋能當飯吃？

（石頭站起來搬石塊架鍋，衹聽咕冬一聲，福生哭上。）

童先生　怎麼回事？你怎麼啦？（孩子哭，不說。）說呀！這孩子到底是怎麼啦？你看見田大爺他們没有？

福生　我，我走到那邊，看見樹上有個……有個大鳥窩，我就拿棍兒捅，捅了半天够不着，我看那樹是個歪脖樹，我就爬上去啦。嗯，嗯，我爬到老鴉窩邊，就聽見呱呱……一叫，翅膀一撲魯，我一哆嗦，就掉下來啦！嗯……

石頭　摔壞哪兒没有？你這壞蛋！

福生　（摸着屁股）屁股還痛呢！……

雙銀的聲音　爺爺你來，他們在這兒呢？

童先生　别吵啦，聽着！小點聲！是他們來了吧？

雙銀的聲音　爺爺，你上這邊來，那邊不好走！

（雙銀和田大爺爬上石坪。）

福生 田大爺，我找你半天都没找着，怎麽這麽晚纔來呀！

雙銀 李二嫂，小鴉呢？我出來時看見你抱着他的。（李不答）咦！誰把他抱走了，把斗篷留下，這冷天的？

福生 （低聲）你别問啦，别問啦！

雙銀 （低聲）怎麽啦？怎麽啦？

（福生招手，雙銀過去，兩人在一旁悄悄地説話。）

石頭 田大爺，你怎麽什麽也不帶，光帶着個扁擔呢？

童先生 田大爺累了吧？到這邊來坐。

石頭 田大爺，你怎麽什麽也不帶，拿着扁擔幹嗎？

田大爺 不，是我從家裏出來，擔了兩件行李和雙銀的新做的棉襖，還有半口袋糧食……連飯勺子都帶出來啦……

雙銀 （突然的）哎呀！可惜了的小鴉，又精又靈的怎麽死了呢？（摇着李的臂）李二嫂，李二嫂，小鴉不是都學話了嗎？我還聽見他説："媽媽，媽媽"……

（李二嫂起來了，雙銀拿起衣服給他拭泪，福生溜走了。）

田大爺 （看看他們，接下去説）後來什麽都跑丢了，就剩這一條扁擔。

石頭 你什麽都丢了，拿着這扁擔什麽用呢？

田大爺 辛苦了一輩子，就剩下這條扁擔了，還讓它丢下嗎？

童先生 老爺子，你的東西就是不跑丢，這樣的山路你也擔不動啊！

田大爺 擔不動也得擔哪！

童先生 你的兒子呢？没跑出來嗎？

田大爺 那孩子……我不叫他回去，他偏要回去，他不放心地契。我一想，也對呀！我就説你去吧，我在外面給你望着。那時我們的房子已經燒起來了，我看太危險了，叫他不要去吧，他非要去，我攔也攔不住，看看他跑進去了，剛進去，那房子就塌下來了……

石頭 怎麽啦？

田大爺 我想他一定没命了，可是他又跑出來，我打算招呼他，叫他快點，別的東西都不要了，拿出地契就够了，可是又聽見拍拍兩下，他就倒了。我還以爲是房樑砸下來了呢。呆一會兒，兩個日本兵從我們院子走出來了，我再招呼他也不答應了……

石頭　你的兒子呢？

田大爺　唉，我就向前跑，反正兒子是死了，我也和他死在一道吧，我就往火裏跳，哪知雙銀拉着我又哭又號的，我的心就軟了下來。想着她這麼小年紀，怎麼活下去呢，就跟着她來了。我們就追你們，走過莊頭的時候，在馬家菜園子裏，看見朱老萬的大兒子血淋淋的倒在地裏，脖子給砍了一半。他直叫："田大爺你修修好吧，再給我一刀吧！"我一眼也不敢多看，心一狠就走過來了。

雙銀　那時爺爺直着眼往前走，東西都忘記了。我就喊：爺爺！挑東西呀！

田大爺　我就挑着東西跑，跑到壕溝沿上，就聽見後面噼哩噼啦一排槍，我們連爬帶滚的往前跑，抓着一棵小榆樹纔爬上壕溝那邊，又跑了五六里。雙銀就問我：爺爺，你的東西呢？我一看，手裏就剩了一根扁擔了。（太陽漸漸落下去了，舞臺呈一種陰鬱沉重的氣氛。）

李二嫂　唉！真慘哪！

雙銀　哎，我們在路上看見的那那那個那個什麼，那纔慘哪，那個小孩纔兩三歲，扒得光溜溜的挂在樹上，那小脚就一登一登的，我跑得老遠回頭看，他那紅兜兜還直飄呢。

（李二嫂突然大哭，大家都呆了。童先生想去勸，幾次欲言又止。老頭子坐着，陰沉沉地烤火。雙銀拉拉李二嫂，李不理她。石頭撿起一個石塊，狂吼一聲，把石塊扔出去，聲震山凹。静默，幾聽見女人抽泣聲，忽然聽見狗叫聲。）

童先生　哎呀！山底下有人來了！快把火熄了！（大家用脚踏火）

雙銀　我們往那兒逃呢？

石頭　往那兒逃？來吧！幫我撿石頭！（二人把石塊堆起來）

童先生 恐怕是日本鬼子搜村子啊！這就是他們的獵狗……别胡鬧！（大家向山前注視，不敢出氣，雙銀招呼田大爺。）

童先生 不要動！（拿出手槍，石頭舉起石塊，田大爺拿起扁擔）有脚步聲了，你聽，越來越近了！

（福生先咯咯地笑，悄悄地出現在他們後面。）

童先生 誰？（大家掉轉頭來，發現是他，放下武器。雙銀過去抓他，石頭仍抓着石塊不放。）

雙銀 你這野東西！你這小死鬼兒！你這没後腦勺的，你没皮没臉的，你還咯……的呢！……誰跟你笑！我打你！……你還笑什麽？

福生 （指石頭）你看，你看……他石頭還没放下呢！

雙銀 （也笑了）哈哈哈哈！……

石頭 （莫名其妙地看看雙手，把石塊放下，難爲情地問福生）笑什麽？還不快把火點上！怪冷的。（福生不動，噘嘴）叫你哪！聽見没有？

福生 你那麽大個子怎麽不自己點？我不會點。

石頭 你點不點？

雙銀 這可怎麽説的呢！他那麽點小要他點。哧！“大懶支小懶，一支白瞪眼！”我來點！（瞪石頭一眼，過去把木柴堆好）

石頭 你放下，讓他點！

雙銀 瞧你那凶樣！活閻王似的！（劃火柴點火！福生不語，過來幫她弄火。）

（隱隱聽見山風呼呼的響！大家圍火坐下，石頭坐在一邊。）

童先生 石頭過來，商量商量咱們以後怎麽辦。

石頭 你們説吧，我聽着。

（福生用小刀刻樹玩）

田大爺 我們這老少三輩，要在平常不都是一家人一樣？到現在，弄得睡也没得睡，過了今天没有明天。唉，這是什麽年頭啊！

李二嫂 唉，這倒霉的年頭，早死了也算了！

童先生　咱們算是都逃出火坑來了，總算是有緣分的。可是以後的日子怎麼過還不知道，這個地方不過是離敵人稍稍遠一點兒，我們坐下喘喘氣之後，還得往前逃哪，或者……聽説王家甸子都幹起來了……所以我們大家得商量商量，合計合計，想個萬全之策，逃不是事，不是也不行，所以哪……

田大爺　我們這一群老弱殘兵，怎麼着也得幹一場，説什麼也不能白饒了他。

童先生　哎，説的就是呢！我們合計就是想合計這件事情。日本鬼子占了我們多少地方，殺了我們多少人，這先不説他，就説田大爺一家子，死的死，散的散，剩下他這麼大年紀，帶着雙銀東奔西逃的；還有李二嫂的孩子，那麼點小命也跟着遭劫。我們祖先三代留下的房産地業，平常我們省吃儉用，連一個小錢都不敢胡花，這回日本鬼子一來，弄得連個草棍兒都没有了！這筆賬你説怎麼算法？

雙銀　怎麼算法？他殺死我們多少人，我們就殺死多少小日本。怎麼算法！

李二嫂　一個抵一個？那太便宜他們了，我的孩子……他們這群瘋狗！生擒活捉的把我的孩子搶去了！……一個連話也不會説的孩子，也招着他們了嗎？我的孩子……他們爲什麼非弄死他不可呀！……這些没天良，没心肝的野獸！……

（福生用刀猛戳樹幹，接三連二的幾下……）

田大爺　我——我活了五六十歲了，連一個螞蟻都没弄死過，我弄死過一個螞蟻嗎？可是這回我要殺人了，我要殺人了！我非——

童先生　對！要殺！憑着我們的力量，要跟他們算這筆賬！

石頭　（爆發地）我們要活，要報仇！

大家一齊喊　我們要活，要報仇！

石頭　要殺！——

大家　要殺！——（用脚踢鍋，發出沉鬱鈍厚的聲音。）　（閉幕）

第二幕

地點 郭村近邊。

時間 夜月。

人物 與第一幕同。

壯丁 王林，趙伍。

下弦月照着一棵古樹，樹杈上挂着一個古色斑駁的大鐘，後側有石牌一座，露出嚴峻的顔色。

開始：童先生用五個制錢摇卦，口中念念有詞。雙銀站在他旁邊呆看着。李二嫂在一頭燒水，福生爲她劈木塊。田大爺在遠方抽煙，望着他們的動作。石頭靠在樹幹上，抱膝低首假寐。

童先生摇完卦，將制錢擺在地上，用手在地上劃，并且翻動卦本，參閲對照，靈牌仍然好好的擺在身旁。

童 （讀卦詞）……“目下如冬樹，枯落未開花，看看春色動，漸漸發萌芽。”

雙銀 童先生，你嚕蘇半天，這一卦倒是好不好哇？

童 好是好，不過——要走東方，東方是生門。（自語）金、木、水、火、土……金克木、木克土、水生金，唔……這麽嗎……（翻日曆，風絲絲地吹，日曆震動作響。）

雙銀 （急迫地摇他）倒是好卦壞卦呀？

童先生 别急呀，這還得看日子呢？“成開皆大用，逼迫不相當！”你等我查查看，初七，嗯初八……初八……初九……

石頭 （打哈欠）什麽初八、初九的？

童先生 用兵得看天數啊。從前出兵，欽天監還得觀星呢！這個兵書上都載着的。當初孔明用兵的時候，不也是借東風祭北門嗎？要不然怎麽回回打勝仗呢？

石頭　我看人家日本兵進攻我們，也没有看日子。

田大爺　你别不信，聽説日本人身上還帶着護身符呢！算卦也有點道理，不能全信也不能不信。過去多少英雄豪杰比我們聰明得多，人家也都信。要是没有一點道理，誰還弄這些玩意兒幹嗎？

童先生　還是田大爺上點兒歲數，比你多吃幾斤碱鹽，他經驗的多，他知道這個。這不能小看了它，國家興亡都是有個氣數的。咱們這回出師，得往東打呀！往東打是暗中有人扶持，一定是百戰百勝，無攻不破，無堅不入。……

石頭　他媽的，日本鬼子由西邊抽你屁股，你他媽的往東打？（大家都笑了，福生一不當心，刀子劈在手上，哭了起來。）

田大爺　怎麽啦！

福生　（哭）手……手……手……

李二嫂　這孩子！誰叫你不當心呢！

童先生　（搔首嘆氣）唉！

石頭　（望望星）三星晌午了，這些兔崽子還不來，簡直不是他媽的辦正經事兒的……（向童）你給我槍，讓我打兩下叫一叫。

童先生　這怎麽可以呢？半夜三更的打槍，人家不是都知道了嗎？唉，這些年輕的，什麽也不信。

石頭　那你説怎麽辦呢？我們就這樣死等嗎？（回頭看福生。）福生！你找找他們去！

童先生　你别去，福生！深更半夜的讓小孩子去跑。

田大爺　福生上這邊來睡吧！讓我拿衣服給你蓋上。

（福生走過去）讓我看看你的手還痛不痛啦！

福生　痛！（睡下，田給他蓋衣服。）

田大爺　可不是，他們也該來了。（抽完一袋煙，磕磕煙袋）不會出什麽岔吧？

石頭　再等一會兒看。（大家昏昏欲睡，李二嫂吹火，過了一會兒，石頭不耐煩起來，向後轉望。）

福生　（夢話）哎喲！不要打我！不要打我……媽媽？媽媽？你望炕梢上滚哪……那兒有把剪子，你伸手哪，伸手啊……

童先生　這孩子總説夢話。

田大爺　（推福生）醒醒！你醒醒！

福生　（一翻身又睡了）……媽媽，你拿剪子……扎他，扎他，使勁扎他！（忽然坐起來四外一看，失望似的又倒下去了。稍停。）

石頭　水還没有開嗎？

李二嫂　就開。（石頭站起來向後走）你幹什麽？

（一排槍響，很遠有狗咬聲，恐怖而深遠。除了福生，大家都站起來，小聲説話。）

童先生　哎呀！一定是他們出毛病了。

石頭　我去看看（欲下。）

田大爺　石頭！（當心的。）

石頭　啊——

田大爺　你怎麽這麽冒失，你知道前邊是什麽事情，就這樣冒冒失失的跑去。

石頭　管他什麽事，總得看看去呀！

李二嫂　别是日本鬼子吧！

童先生　要是日本鬼子的槍聲，絶不會這麽近哪……好像就在耳朵邊上似的……先不要動，沉着氣，我們聽聽看。

田大爺　（問石頭）你對他們説了，來的時候走哪條小路啦嗎？

石頭　那還用説，他們又不是不認識路。

田大爺　他們一定是碰上日本鬼子了。

李二嫂　哎呀！那可怎麽辦啦！

（遠遠有口哨聲，石頭注意傾聽，也同樣的吹一聲，遠遠的再答一聲。）

李二嫂　是我們的人。

雙銀　哎呀！他們都來啦！……（叫）王大哥，王大哥，趙大哥！

趙伍　（遠遠地回答）唉！……雙銀！

（雙銀跑過去，王趙上，雙銀撲在他們身上歡跳。）

雙銀　王大哥，王大哥，我們算卦啦！那纔好玩呢，東方是生門，我們要往東走……福生還要找你們去，大家伙不讓他去，他就做夢啦！還叫呢！……我等你們，左等也不來，右等也不來！

王林　來，約一約多少斤，看長了没有。（約了一下）長了多少？

雙銀　長半斤又八兩啦！

福生　（醒了過來，坐起來）趙大哥！招鏢！Pa！（把小刀丢過去，趙用手一格，掉在地上。）

趙伍　你這小子，比日本人還厲害！

（福生站起來笑着。提着褲子去撿刀，趙伍不動聲色地用脚踏着刀，福生彎下腰去，趙伍打他的屁股，他裝狗咬，趙伍跳開，福生拿了刀，看他一眼，大踏步回去。）

石頭　槍聲是怎麽回事？

趙伍　哎！不用提啦，真糟！（抬頭招呼大家）啊？田大爺，童先生，噢李二嫂，你的孩子好嗎？睡着了？

李二嫂　（苦笑）嗯——（背過臉去。）

石頭　你們帶傢伙了没有？

趙伍　（從袖裏掏出鐵尺）這個傢伙怎麽樣？

石頭　嗯，行！

童先生　怎麽，你們走錯了路了嗎！

趙伍　他媽王林真不是玩意兒，我説走小路吧，他説不要緊，好像很有把握似的，到了撞上啦！（王林摸摸頭，抽口氣）要不是那壕溝，恐怕我們的小命都没有啦！

田大爺　我説是吧！（問石頭）年輕人就是這麽不可靠，不管什麽事小心點好。

王林　我們出村子的時候，一個人都没有，倒是很好的，我們就溜溜達達，指天畫地的，越談越起勁，那鬼子要不放槍，説不定我們還走到他們跟前去了呢！

趙伍 你這小子真不是玩意兒！

王林 得啦，别説了吧！我要不拉你，你他媽還往前走呢！

童先生 來了就得啦，我們談正經的吧，别説這些了。

李二嫂 水開了，過來喝水吧！誰喝水自己舀好了。

（大家喝水。）

石頭 好了，你們都來了；咱們還是按着白天打算的，大家都出發到郭村去，那兒有十個日本鬼子十杆槍，童先生這兒留守……

童先生 不成，你們都去，我也得去。

雙銀 我也去。

王林 瞧你那個傻樣，你還去呢，没做事先敲鑼，你要去，在十里開外人家就知道了。

雙銀 那我不講話不行嗎？

王林 不講話你還咳嗽呢！

田大爺 你們别吵啦！“嘴上無毛，辦事不牢。”

石頭 我説啊，童先生留在這兒，雙銀，福生，李二嫂你們四個人看家，我跟田大爺，王林，趙伍幾個人到郭村去，田大爺把風，我們分兩處，一齊下手，管保他成功。

福生 石頭，我也去。

石頭 去他媽的，小鬼也去！

童先生 你年紀還小呢，等長大了再幹。

福生 童先生，我也會搶日本鬼子的槍。

石頭 你也會搶槍！

福生 我有刀，砍起鬼子來跟削蘿蔔似的。

王林 好小子，有種！

趙伍 （突然）瞎，我想起來了，我們來的那條路上不是有兩個鬼子嗎？咱們先把他們幹掉再説！

石頭 别忙，讓我再想想看……

趙伍　想什麽呀！先把槍弄來再説！

田大爺　（問石頭）讓他們去吧，他們兩個在這邊下手，我們幾個到郭村去。

王林　（起拿田大爺的扁擔）這是誰的扁擔？

田大爺　這個傢伙給我，就憑這一條扁擔，跟那一條鐵尺，就要小鬼子的命。

趙伍　走！（向雙銀）等着噢！我們打鬼子去！

福生　（追過去）趙大哥！我呢？

趙伍　你在家裏等着啊！這孩子真乖！一會兒見啊！

石頭　（陰沉地）一會兒見！

田大爺　（走到王、趙面前，像有話説似的看了半天）當心啊！

趙伍　田大爺！你放心好了，保管没有錯！

王林　（一手提扁擔，一手拍胸，自信地）哼！走！

（王趙下，其餘的人呆望目送。）

石頭　（很快地回身走向童前）童先生！

童先生　什麽？

石頭　把你的手槍給我。田大爺！咱們走吧！

童先生　（走過去問石頭）我一向没説過你的短處，現在我要説了。我知道你性子粗暴，好出亂子，這次你可不得不當心啊！我們自己的死活不要緊，我們能不能打回家去，全看你們了。

石頭　童先生！你等着瞧吧！等我們回來的時候，起碼一個人一杆槍，你别看我斗大的字認識不幾個，我是粗中有細啦。（笑）

李二嫂　呸！

石頭　（在童先生臂膀上打了兩下）再見啦！

童先生　好！瞧你的！

（石頭和田大爺下。）

（李二嫂坐在大石上，寂寞地哼着小調子，雙銀靠在她身旁發呆，福生玩弄小刀。）

童先生　（坐在樹下看天上的星斗，停了一會兒）雙銀！怎麽發起呆來了哪？

雙銀　我在想石頭他們走到什麽地方了。

李二嫂　傻孩子！你怎麽能想得出呢？

童先生　（拿起卦本）我們還是算卦吧！

雙銀　童先生！我給你摇錢好不好？

童先生　好啊！你可别弄錯了。

雙銀　給我錢！

童先生　錢不在那邊嗎？

雙銀　（摇錢，擺好，看）三個字兒，兩個滿兒。

童先生　别忙，别忙，讓我看看……三個字兒，兩個滿兒……這一卦是誰的？

雙銀　（瞪着兩眼想）……算趙大哥的吧！

童先生　（翻卦本）上中……上吉……（讀詞）

“如人行暗夜，今已得天明，
衆惡皆消滅，端然福氣生。”

“謀事可成，尋人得見，出門見喜，馬到成功。”他們一定成功！一定成功！讓我們再摇一卦看田大爺他們怎樣？

李二嫂　童先生！你給我摇！

童先生　你摇也好，衹要心誠，誰摇都一様。

李二嫂　（摇錢，擺好）你看吧！

童先生　（翻完卦本摇頭）

什麽“馬登程去，飢人走遠途，
前程多阻礙，退後福無方。”
哎呀……哎呀……

雙銀　（很急地）怎麽哪，怎麽哪？你快説呀！

（福生悄悄地爬起來，預備逃走，一不留神，刀子落在地上，他吃驚的不敢動一動，見三人都未注意，便匆匆的拾起來溜走了。）

童先生　這一卦……這一卦……

李二嫂　不好嗎?

童先生　不好也不是的，不過有一種不吉之兆。

雙銀　瞧你，童先生!

李二嫂　你再念一遍給我們聽聽。

童先生　糟糕!我的《康熙字典》没帶出來。

雙銀　什麽《康七刺典》哪?

童先生　有一個字兒憋住了。

李二嫂　你剛纔不是念過了嗎?

童先生　我剛纔是囫圇吞棗的把那個字給咽下去了。

李二嫂　你就照樣再念一遍吧!到底是什麽意思?

童先生　田大爺這一趟是凶多吉少啊!

雙銀　你説我爺爺這一趟去不好嗎?

童先生　本來嗎?那麽大年紀啦!唉!

雙銀　(不語，站起來就走。)

李二嫂　雙銀!雙銀!你幹什麽去啊?

雙銀　(帶哭的聲音)我找我爺爺去!……

童先生　回來吧，傻孩子!深更半夜你到哪兒找去?

雙銀　那爺爺不回來怎麽辦哪!

李二嫂　童先生的卦不一定靈的，這傻丫頭!他一會兒就回來啦!(把雙銀拉回來。)

童先生　(突然)咦!福生到哪兒去了?

(大家找、叫喊。)

童先生　他也許找石頭他們去了吧?

李二嫂　對啦!剛纔他不是直鬧着要去嗎?説不定是跟他們走啦!

雙銀　那怎麽辦呢?

童先生　别急，讓我給他問一卦看看。(摇錢，一看就把手往膝上一拍。)好啊!我算了多少年的卦，也没見過這麽好的!這，這，這孩子小狗命纔旺呢！你看！你看！（李二嫂，湊過去）這……這……一看就是那孩子有出息，將來一定成大事！

李二嫂　你快念哪！

童先生　（讀詞）“天兵誅賊寇，旌旗得勝回。

功勛爲將帥，門第有光輝。”

太歲星下界，這孩子的命纔硬呢！將來大富大貴，從小就克爹克娘……

李二嫂　噢，噢……（坐下。）

童先生　將來還要克老婆呢！將來還要——克老婆呢！

雙銀　那我可不會嫁給他。

（李、童都笑了。）

李二嫂　羞啊！羞啊！

雙銀　嗯！——（不好意思地向李懷中亂扎。）

（後有王林，趙伍的笑聲。）

王林的聲音　我説的不錯吧，一個扁擔一根鐵尺换來兩杆大槍來！

趙伍的聲音　媽的，一鐵尺就把鬼子的後腦勺開了花啦！哈哈！……（上）

王林　（上）你别説啦！我要是不給那一個鬼子一扁擔，你小子還不知道怎麽樣呢！

李二嫂，雙銀　（迎上去）怎麽樣？怎麽樣？

趙伍，王林　（一人手中一杆槍向前一舉）你們看！

雙銀　（笑着把槍往懷中一抱）一二一！一二一！立正！……（一個人操着喊着。）

李二嫂　哎呀！你們一個人搶了一杆槍回來啦？

童先生　你看我的卦靈不靈？我的錢呢？……（找錢來擺在臂上）你看！哎！你看，這……這……這卦簡直是……

趙伍　（拍童的臂，把錢打掉）什麽卦不卦的？

童先生　我給你們算的卦是“謀事可成，尋人得見，出門見喜，馬到成功！”是不是？果然不錯吧？

趙伍　我們走得離他們不遠，就在地下爬，看見兩個鬼子在那兒嘰哩呱啦的，説一會兒嘆一口氣，説一會兒嘆一口氣……

王林　看那樣子還很傷心的呢！

趙伍　他們正傷心呢，我們就爬到他們後面。看見一個傢伙還抹眼泪呢！我心想，你别傷心啦！回老家去吧，一鐵尺就揍了個腦漿迸裂，連叫也没叫一聲。（大家笑了。）

王林　旁邊那個小子眐了一眐，手裏抓着槍就要摟火，我就摟頭一扁擔，我看見他晃了兩晃就來了個狗吃屎。

（大家又笑了）

童先生　他們一槍都没開？

趙伍　他把槍子兒留給我們用了，他捨不得開。

（大家又都笑了。）

王林　把槍拿過來吧！

雙銀　不！我還操操呢！二嫂！你也來！（給李一杆槍）向後轉！向後轉！……（開步走。）

李二嫂　（把槍給王）擱下吧！别把槍鼓搗壞了！

雙銀　你不跟我練兵，回頭我跟那小没後腦勺的練去。

趙伍　把槍給我，回頭動壞了！

雙銀　不！我給我爺爺！……

（遠處有狗叫。）

童先生　你聽，老遠的狗叫了，别胡鬧啦！許是他們回來！

雙銀　（跳起來）可不是！又是小没後腦勺的在那兒裝着玩呢！我去接他！

（跑過去。）

趙伍　（攔着她）給我槍！

（雙銀把槍給他，叫着跑下去，王、趙也下。）

雙銀　小没後腦勺的！操操來！

（石頭背槍上）

趙伍 怎麽樣？（石不答）都回來了嗎？

石頭 （看看他沉重地低頭）都回來了。

田大爺的聲音 别吵！

（田大爺背福生上，王、趙隨在後面，雙銀跟在田大爺後面亂叫。）

雙銀 小没後腦勺的！剛纔你怎麽跑啦？我們找了你半天！我們給你算卦啦；咱們有槍啦！咱們操操玩好不好？你怎麽啦？怎麽不理我呀！小没後腦勺的！别裝死嘍！

石頭 滚一邊去！

（田大爺把福生放在大石塊上。）

李二嫂 這是怎麽啦？

田大爺 這孩子怕是没指望啦！

雙銀 （看福生）二嫂！你看！

（福生呻吟着。）

李二嫂 福生！福生！（福生呻吟）孩子，你覺得怎麽樣？

童先生 石頭，他是怎麽傷的？

石頭 這孩子實在太好了，要没有他，説不定我們都回不來啦！

趙伍 你怎麽搞的，怎麽不看着孩子呢？

石頭 不是，是這麽回事。我們走到郭村跟前，我就幹了一個哨兵，摸到他們營房外邊。原來是叫田大爺把風，一邊接槍。我進去，剛從架上摘下來三杆槍，正往外遞，就聽見炕上一個鬼子醒了……

趙伍 怎麽了？

石頭 我想掏手槍，可是手裏拿着兩個大槍，正急得没辦法，就聽見醒了的那個傢伙哎呀一聲……

王林 怎麽？

石頭 我看見一個黑影提着刀就往外跑了……

童先生 誰呀！

石頭　是福生，他把那鬼子一刀給捅死了……

大家　是他！

田大爺　（沉重地點頭）是他。

石頭　他先蹲在炕邊，鬼子一翻身他就給了一刀，就往外跑。他們不知道有多少人，也不敢出來，屋子裏直往外打槍，我也不敢招呼，拉着田大爺就在地下爬着走，跑到墻拐角的地方，就看見福生在那兒爬着呢！手裏還拿着這把刀。

（大家沉默，聽見風響。）

福生　（説囈語）鬼子……鬼子……殺啦！……（坐起來睁眼找）

李二嫂　福生！福生！……你找誰？（福生作手勢）你要什麽啊！

福生　我的……

雙銀　你的什麽呀？

福生　刀……刀……（雜着呻吟。）

石頭　給你刀……（把刀遞過去，田大爺接刀給福生）

田大爺　福生！你的刀在這兒呢！……拿着啊！

福生　把這血給擦下去……

田大爺　（用袖子擦了刀又遞給他）拿着吧，孩子，你看，已經擦好了。

福生　田大爺……（對着月光看刀）嘿嘿……（笑了）這是刀嗎？……這是我的……（舉起刀往上戳）就這一下！就這一下！（笑）爸爸！媽媽！（手在空中亂摸。）

李二嫂　福生！福生！（扶他躺下。）

福生　（掙扎着向前撲）爸爸！媽媽！媽媽！（躺下，大家圍過來）

李二嫂　福生，孩子，你看看我！（福生不答，李二嫂拿起他的手貼在臉上，手一鬆，他的手就掉了下來。）

雙銀　哎呀，他！——（向後退）

（大家低着頭退開。）

田大爺　（眼直望着前面，風 sh——sh——的響）這孩子……這……這……這是怎麽……一個十幾歲的孩子……他的爸爸他的媽媽……

他……這是怎麼的？……他應該活着，他正好活着……我們，石頭，李二嫂，童先生，王林，趙伍……我們都活了幾十歲了，要怎麼都成，死就死，活就活……他，這孩子……孩子們……纔十幾歲呀！……

（李二嫂和雙銀痛哭起來，雙銀投入童先生懷中，童先生扶她坐下，取出一炷香點着，用棒敲鐘，田大爺把孩子抱起來向後臺走，大家沉默着，風仍在 sh——sh——的響，清寒的月光冷静地照着石牌上突擊來的幾杆槍，幕隨着鐘聲慢慢的落下去了。）

第三幕

時間 黎明之前。

地點 田大爺的家。

人物 石頭，童先生，田大爺，李二嫂，雙銀，王林，趙伍，日本兵二名。鄉民多人。

景物 在村頭，塌了頂的房子，被炮火轟毁了的土墻，打折的樹木，死了的牲畜，男女的尸體，這一塊被蹂躪的痕迹，還都新鮮的存在着，穿紅兜肚的小孩掛在樹上摇動着，田大爺的地契零亂的挂在柴草上。

開幕時舞臺静寂，稍頃，兩日本兵上。

甲 呃！香煙有？

乙 有，坐下歇歇腿吧！

（乙從口袋裏拿出五臺山香煙二支，乙擦着火柴照着香煙，甲看了香煙的牌子。）

甲 哦，五臺山的牌子（吸一口後，夾在指間，沉吟的）五臺……

乙 （輕輕的推着甲）喂！想家了嗎？

甲 （轉臉向乙）你聽説過五臺的游擊隊嗎？

乙　別提這些吧！提起這個我的頭就痛。

甲　我們那次用幾個師團包圍他們？

乙　去，去，去，不管他幾個師團。

甲　聽説他們還自己開銀行，印郵票呢！

乙　他們也用我們大日本的郵票嗎？

甲　大概是不用吧！

乙　我就討厭游擊隊：來，不知道他們從哪裏來；去，不知道他們從哪裏去。

乙　好像地縫中都會鑽出來一樣。（急轉頭看，驚慌地尋找）你看什麼！

（甲用手摸頭頂，很難爲情地笑了一笑。）

甲　聽説我們來到中國的隊伍都不能回國了。

乙　（深深地吸口煙，向天徐徐地吐出，從破墻上跳下來）走。

甲　休息，休息呀，我們好多天也没得休息了，我的腰都痛了。

乙　腰痛啊！等回國後到皇軍醫院免費電療吧！

甲　等我的骨灰送回國再電療，電療，免費電療！

乙　走吧，走吧！（焦躁地。）

甲　（仍坐在那兒）媽媽的，我們的大隊都走開了，這村子裏就留下我們十幾個人，老百姓也逃光啦，我們用飛機送來的給養，都接濟不上，連香煙都没得抽啦！

（懶洋洋的，二人起身走，乙摔倒在尸體上。）

乙　（摸了一手血，驚疑的）什麼玩藝！倒霉倒霉！

甲　怎麽啦！

乙　怎麽鬧的，弄了一手，（拿起手來嗅了一下，惡心。）

甲　血！

乙　討厭，討厭，（兩手無處放）走吧！

甲　走吧！

（稍停，石頭，王林，從破墻壁後緊張地走過來各處查看了一遍。）

石頭 （爬上高處，砰砰兩槍，即跳下，躲避起來，四面槍聲大起，墻旁退過日本兵二名，均被石頭擊死。在石頭身後墻壁上出其不意地跳下日本兵一名，抱住石頭的頭滚在地上，二人扭打。王林，抽空打了一槍，日兵死。王林轉到石頭身旁，不料墻後又來一日兵，被石頭擊死在墻後。四面雜亂的槍聲中傳來喊殺的聲音，石頭用口哨回答，石頭喊着）"追呀，見一個殺一個，冲呀！殺呀！幹呀！"

趙伍 石大哥，這邊怎麽樣？

石頭 從墻上翻下四五個，全解决了。（向王）王老弟，你走這道路口，我們衝過去。（石、趙衝下。）

田大爺 （在幕後喊）雙銀！快呀！别去在後頭！

雙銀 爺爺，這回我們可回家了。

（田大爺，雙銀上。）

田大爺 （木然地呆着，向四下望，手扶着墻上）墻，房子，（走過去）雙銀！拿根蠟來，（彎着腰在找什麽，忽然站起）還有，還有鍋臺（强烈地）我到底回到我的家來了，（狂笑）哈哈……

雙銀 （從柴棍上拾起地契）爺爺，爺爺，你看，這上頭有你的名字。

田大爺 拿來我看。

雙銀 爺爺，這是什麽東西？

田大爺 我們家的地契。雙銀！你幫我找……幫我找……

雙銀 爺爺，找什麽呀？

田大爺 你二叔，你二叔……

雙銀 二叔不是死了嗎？

田大爺 死了也要看看他的尸首。

雙銀 爺爺！拉倒吧，死了你還找他幹嗎？看見他你更要難過呢！

田大爺 我要找着他……一定要找着他，難過（苦笑）哼……

王林 誰（人聲。）

雙銀 爺爺！有人，快把蠟吹滅了。

田大爺　（吹滅了洋蠟。）

童聲　我（幕後。）

王林　哦！童先生嗎？你怎麼這時候纔來？

雙銀　童先生，你可把我們等死了，哎呀，李二嫂怎麼啦，怎麼這個樣子啦！

童先生　可把我急死啦！走在半路上，李二嫂也不知道怎麼回事，一人亂跑，她喊着：你别搶我的孩子：把他還給我，你别搶去他，他是我的，他離不開媽媽，他離不開……一邊喊着，一邊瘋了似的亂跑。起初我還追得上，後來她越跑越快，把我一丢就丢得好遠，我連一個人影都看不見了。黑天半夜的，我也没辦法。人既然找不着了，衹好回來找我們的隊伍，没想到走到村外的小河溝裏，我就聽見一個女人哭。起初我很奇怪，這時候那兒來的女人哭呢？後來，越聽越像李二嫂的聲音，我就大着膽子走去一看，果然是她披頭散髮的，衣服也都撕開了，胳膊上被刺傷一塊。看這樣子，一定是被鬼子糟蹋了。

王林　快安排她坐下吧，童先生！（把李二嫂放下，李二嫂呻吟着。）

雙銀　李二嫂，李二嫂！

童先生　你不要動她，快找個東西來蓋蓋。

王林　媽的，這些活造孽的鬼子！

童先生　（嘆息）唉！誰想得到李二嫂那麼好的人，得這麼個結果。

王林　男人都太没有用了！那麼多人在一道走，會讓她一個人跑開，誰會想得到呢？

童先生　誰會想得到啊……

雙銀　童先生，你看她胳膊上的血還直往外流呢！

童先生　我腦子都弄昏了，快找東西給她包紮起來。

雙銀　（四面看看，找不到東西。）

王林　來，來，來，（把腰帶解下撕下一條）拿這個給她包上。

（雙銀給李二嫂包紮。）

李二嫂 （先是呻吟，後呼痛）唉，唉……哎喲（睁眼立起）你們，你們還在這兒，還不給我滚開，你們這些骯髒，下賤，惡心……你們這些鬼子，你們以爲我就這樣好欺侮嗎？我不怕……（站起來。）

童先生 李二嫂，李二嫂，你不認識我們啦？李二嫂，你把眼睁開看看！

雙銀 哎，李二嫂！……這是童先生……我……我是雙銀。（紥着手，嚇得没辦法）童先生！你快叫她坐下吧！

李二嫂 （把童先生一推，瘋狂地跑，喊叫）你們以爲我就不能報仇了嗎？我兒子終久要長大的，他終久會宰了你們的……嗯！……（狂笑坐在墻頭上。）

田大爺 （站着，茫然地直起腰）嗯？嗯？（看看她又低下頭去找。）

童先生 王林快來！我們架着她！

王林 她這樣的人，你得順從她，不能强制她，越强制越厲害。

童先生 那怎麽辦呢？要不叫雙銀——

雙銀 我不去！我怕！

童先生 還是我來吧，你讓她跑了怎麽辦呢！（向李那邊走去）

李二嫂 （看見童走來，拿起墻頭上的磚向他投去）你來！你敢，你這没廉耻的狗！你敢動我一動！

童先生 這……這……這……真糟心！……你這樣鬧下去怎麽是個完啦！（自語）總得想個辦法！（叫）李二嫂！你這是幹什麽呀！你怎麽變成這個樣子啦！

李二嫂 哎！（對着墻）你們别站在那兒不動哪！你們快來幫我的忙呀！快來呀！你們瞪着眼幹什麽？你笑？……你笑什麽？……嘿嘿……你們這些不中用的東西！

雙銀 童先生！你讓她别這樣啦！

童先生 你報仇也不是這麽個報法呀！人家前邊打得那麽厲害，你，你在這裏什麽樣子？什麽樣子？你這樣就報仇了？

李二嫂 （向觀衆）你們來呀！鬼子在這兒呢！你們快來呀！你們跟我

來呀！我們一道去呀！報仇！殺！殺！——（跑下去了。）

童先生　（追去）李二嫂！李二嫂！……

王林　童先生！讓她去吧！（自語）唉！一個人糟蹋得這麽可憐！（田大爺由墻後背個死尸出來，一不留神被日本兵的尸身絆倒，上氣不接下氣地呻吟。）

童先生　啊！田大爺！（轉身向後）雙銀！快！

雙銀　（急轉身，跑到田面前）爺爺！你怎麽了？

田大爺　你二叔……你二叔……我的蠟呢？我的蠟呢？

雙銀　爺爺！不是在你手裏拿着嗎？……童先生！你給劃個火！（掏出火柴給童，童劃洋火點蠟。）

田大爺　（用蠟照死尸的臉，一手拿蠟，一手撫死尸的臉。）是他……這就是他……他……

雙銀　哎呀！爺爺！我怕！你不要照啦！我怕呀！

童先生　田大爺！田大爺！你太累了，到那邊休息休息吧！

田大爺　（揭開兒子的傷口）你看這傷口、這血，這是鬼子的槍打的……

雙銀　爺！看你的眼，多怕人啦！你不要這個樣子了！

童先生　田大爺，反正他是死啦！你也就不要難過啦！

田大爺　難過嗎，没有，我一點也不難過。

雙銀　爺爺，不難過，你爲什麽哭呢？

田大爺　没有，我没有哭！我……我……（抽氣）我兒子死得冤枉！他没有殺着一個鬼子，他没有殺着一個呀！……

趙伍的喊聲　弟兄們加勁兒呀！我們要使他斬草除根，一個不剩！

石頭的聲音　你們分三路搜索，檢查一下我們受傷的弟兄，我去看看童先生他們來了没有。

童先生　石頭來啦！（喊）石頭！

石頭　哎！

雙銀　我們打勝了嗎？

石頭 （上）勝啦！哈哈！鬼子都收拾乾净啦！王家甸子的隊伍和我們會合了！

童先生 一個也没留嗎？

石頭 留下了幾個都見閻王去啦！哈哈！……

童先生 （向雙銀）你看我的卦靈不靈？真靈呵！你不能不靠天數！

雙銀 别説了吧！你把福生都算死了，還靈呢！爺爺！爺爺！我們打勝啦！

田大爺 勝啦？我們打勝啦？真的？

童先生 我們打勝啦！

田大爺 （向死尸）你聽見没有？我們打勝啦！（向石）我們把鬼子都殺光啦？

大家 都殺光啦！

田大爺 殺光啦！……殺光啦！……（向死尸）都殺光啦！

童先生 雙銀！來扶你爺爺到那邊去。（二人扶田到墻邊坐下。）

田大爺 （走時不住回頭看死尸，自言自語）可惜，他看不見了！

石頭 童先生，雙銀，你們去把槍給撿一撿……王林，來，把雙銀的二叔抬到後面去……把這些死狗扔出去！

（兩人抬撿死尸，兩人撿戰利品。）

雙銀 童先生！你把這些都寫上！……（檢視）……水……壺……五個！（童先生復重她的賬）……鐵帽子三個……（摘下童先生的帽子，把鋼盔給他戴上）……槍子兒……三大串！……（一抬頭看見墻頭穿日本大衣的王林，嚇得後退）鬼子！

（石頭舉槍要放。）

王林 石頭！你也不剥皮認認誰！（大摇大擺地過來，拍拍胸脯，將大衣散開讓别人看。）

石頭 他媽的，有你穿的没我穿的？看我的！（下去找大衣）

童先生 還有我的印！

雙銀 你要什麽？快記你的賬去吧！

（鷄叫了，石頭披大衣上，打着呵欠。黎明的光輝在地平綫上升起，遠處有群衆的歌聲。田大爺扶墻起立，和着歌聲，斷斷續續地唱着。）

田大爺　打起火……呵把，拿……啊……起槍，帶足……喔了子彈，乾……乾……乾糧，趕快上……啊……戰場！

（群衆的歌聲漸近漸響。）

石頭　（招呼）哎咳唉！……

雙銀　（向童）你快……快……快！人家都來啦！都來啦！

（田大爺更大聲地唱，群衆拿着火把、槍，唱着上……王林用手將槍鐘擺一樣地摇動，石頭猴子一樣地跳着舞着……群衆的喜悦衝上了天穹。）

（幕下）

（原載1938年4月1日《七月》第2集第6期）